AVIS
AUX CHAMBRES,
AUX ÉMIGRÉS, etc.

AVIS
AUX CHAMBRES,
AUX ÉMIGRÉS,
AUX CONTRIBUABLES,
AUX RENTIERS
ET AUX SPÉCULATEURS
DE LA BOURSE;

C'EST PAR RESPECT QUE JE N'AI PAS MIS AUSSI :

AVIS AU ROI,
ou
LETTRES

SUR LE PROJET D'INDEMNITÉ ET SUR L'ANCIEN ET LE NOUVEAU PROJET
CONCERNANT LA RÉDUCTION DE L'INTÉRÊT DE LA DETTE PUBLIQUE.

PAR COUBÉ (CHARLES-JEAN),

ANCIEN DÉPUTÉ.

A PARIS,

CHEZ LE NORMANT PÈRE, LIBRAIRE, RUE DE SEINE, N° 8.

1825.

Paris, 20 février 1825.

Monsieur,

J'ai l'honneur de vous adresser le manuscrit d'un ouvrage que je crois d'autant plus utile, que je regarde la réduction des rentes, proposée par M. le ministre des finances, comme aussi dangereuse pour la royauté, le crédit public et l'avenir de la France, que le projet du même ministre, sur l'indemnité, me paroît illusoire. Cependant, je n'aurai de confiance dans les raisonnemens dont j'ai la plus forte conviction, qu'autant que vous les approuverez, étant décidé à ne faire imprimer que de votre assentiment. Je pourrois ajouter ici toutes les raisons qui m'ont déterminé à vous choisir pour juge, si elles ne me paroissoient pas comprises dans le choix que j'ai fait de vous.

J'ai l'honneur d'être avec le plus profond respect,

Monsieur,

Votre très-humble et très-obéissant serviteur

COUBÉ,
ancien député.

Paris, 21 février 1825.

Monsieur,

Votre manuscrit répond parfaitement au titre que vous lui avez donné : il dévoile les mystères de l'agiotage, et prévoit par conséquent les désastres qui doivent accompagner la réduction des rentes, beaucoup plus clairement qu'aucun des ouvrages qui soient jusqu'ici tombés entre mes mains. Vous pouvez l'imprimer avec toute sûreté d'être utile. Mon approbation est peu de chose ; mais il est si facile de s'oublier dans un sujet d'intérêt public, que je vous laisse le maître d'en faire l'usage qui vous conviendra le mieux.

J'ai l'honneur d'être sincèrement,

Votre très-humble et obéissant serviteur

FIÉVÉE.

PREMIÈRE LETTRE

D'UN ANCIEN DÉPUTÉ

A UN DÉPUTÉ DE 1825,

ROYALISTE CONSTITUTIONNEL.

Paris, 5 janvier 1825.

Monsieur,

Vous m'avez témoigné le désir de connoître mon opinion sur les projets financiers présentés à la Chambre des Députés, le 3 de ce mois. Il y a tant à dire sur cette matière que, pour remplir vos vues, je serai obligé de vous écrire plusieurs fois ; si vous le trouvez bon, j'en ferai l'objet d'une correspondance suivie, jusqu'à ce que les Chambres aient définitivement prononcé.

A la simple lecture de ces conceptions, dont l'auteur ou les auteurs n'ont pas soupçonné même la dixième partie des conséquences, il m'a été facile de reconnoître une nouvelle apparition du projet de loi qui échoua l'année dernière (le 5 juin) dans les parages du Luxembourg; ce qui a fait dire à un homme d'esprit, que M. de Villèle avoit remorqué son projet favori. Tournez et retournez, comme il vous plaira, les nouvelles combinaisons, vous n'y trouverez qu'une seconde édition de l'ancien projet, revue, corrigée, et surtout plus explicitement coordonnée avec l'indemnité des émigrés. Je vais vous signaler succinctement quelques unes des légères différences qui caractérisent les deux éditions.

Dans la première, M. Rostchild et compagnie paroissoient évidemment sur la scène; dans la seconde, ce fameux acteur et ses associés se cachent soigneusement derrière le rideau; mais ils n'en jouent pas moins un rôle plus essentiel et plus lucratif encore, quoique moins apparent aux yeux du vulgaire.

L'agiotage se montroit à découvert dans l'ancien projet; dans le nouveau, il y est voilé d'une manière adroite et spécieuse.

Pour mettre quelque ordre dans mes idées, je dois commencer par vous soumettre quelques observations sur l'ancien projet; je me livrerai d'autant plus volontiers à cet examen que, dans mon opinion, ce projet a été généralement mal compris et mal attaqué dans les Chambres, quoique l'on y ait prononcé des discours dont j'ai admiré la profondeur et l'éloquence.

C. C. J., *ancien député.*

IIᵉ LETTRE DU MEME AU MÊME.

Paris, 6 janvier 1825.

Monsieur,

C'est assurément une excellente opération que celle de payer ses dettes : l'Etat ou le particulier qui se libère administre très-bien ; mais, pour l'un et pour l'autre, une chose est indispensable, il faut en avoir le moyen. Or, dans la circonstance actuelle, le moyen manquoit évidemment, puisque le ministre a été obligé d'avoir recours à la voie des emprunts, et de faire un appel aux principaux banquiers de l'Europe.

Je conçois très-bien que si je dois à Pierre 100,000 f. pour lesquels je me suis engagé à lui payer 5000 fr. de rente, et que Paul m'offre de me prêter 100,000 fr. moyennant 4000 fr. de revenu, je dirai à Pierre : recevez votre capital, ou consentez à réduire votre rente à 4000 fr. Jusques là tout est légal, quoique l'on puisse dire que la délicatesse exigeroit peut-être un meilleur procédé. Lorsque Pierre m'a prêté, il y avoit quelque péril dans la demeure ; il faudroit lui tenir compte, dans un temps plus prospère, des chances qu'il a courues, lorsque j'étois dans le discrédit. Mais passons là-dessus, il ne faut pas être si difficile vis-à-vis de M. de Villèle.

Ainsi, après avoir fait un appel à une multitude

de capitalistes, si le ministre avoit trouvé au taux de 4 pour 100 les 2 milliards 800 millions qui lui étoient nécessaires, les rentiers eussent été légalement placés dans l'alternative de recevoir leur capital ou de réduire les intérêts à 4 pour 100 ; mais si, au lieu de 2 milliards 800 millions, le ministre n'avoit pu se procurer que la septième partie de la somme, et qu'il fût venu dire aux rentiers : « Mes-
» sieurs, je n'ai que 400 millions, au lieu de 2 mil-
» liards 800 millions qu'il me faudroit pour vous
» rembourser ; mais, malgré cette disparité, je
» vous somme de réduire vos intérêts à 4 pour 100 ;
» si vous refusez, je vous rembourse le capital. »

Si tous les rentiers eussent pris le parti que le bon sens indiquoit, ils auroient répondu respectueusement : « Très-haut, très-puissant seigneur,
» puisque Votre Excellence n'a pu se procurer
» que 400 millions, la menace de nous rembour-
» ser 2 milliards 800 millions, n'est qu'un vain *épou-*
» *vantail* (nous disons épouvantail, un autre mot
» exprimeroit bien mieux notre idée, mais comme
» vous êtes de Toulouse, ça vous auroit fâché peut-
» être) ; ainsi nous acceptons le remboursement
» du capital *que vous êtes dans l'impossibilité d'ef-*
» *fectuer*. Nous ne voulons pas réduire les intérêts
» de nos capitaux. » Si la chose s'étoit passée ainsi, il est évident que le projet si péniblement élaboré s'en alloit en fumée. Je vous prie de remarquer, Monsieur, qu'il n'étoit pas nécessaire que la totalité

des rentiers adoptât ce parti : si la moitié, si le quart même du capital eût été réclamé, c'en étoit fait du projet. Ce que je viens de dire s'applique, avec plus de raison encore, à la loi rendue. Après sa publication, le ministre auroit fixé une époque à laquelle les rentiers eussent dû faire l'option : supposez que le tiers du capital eût été réclamé, M. de Villèle se seroit trouvé réduit à la cruelle alternative de faire rapporter la loi, ou de manquer à la foi promise.

Il suit de là que le projet de loi présenté au nom du Roi, voté par les deux Chambres, sanctionné et promulgué par Sa Majesté, n'eût été encore qu'un simple projet. Il falloit le soumettre à la sanction du bon plaisir des rentiers qui pouvoient bien y apposer, non le *veto* suspensif, mais le *veto* absolu. Je prie MM. les rédacteurs des journaux ministériels de me dire quel nom il faut donner à ce fœtus politico-législatif.

C. C. J., *ancien député.*

IIIe LETTRE DU MÊME AU MÊME.

Paris, 7 janvier 1825.

Monsieur,

Examinons maintenant à quel taux le ministre s'étoit procuré les 400 millions, nous trouverons là un aperçu du désintéressement de M. Rostchild et compagnie.

La loi devoit être promulguée dans le mois de juin : il étoit stipulé dans le traité que les banquiers prêteurs toucheroient l'intérêt de leurs capitaux à raison de 5 pour 100 jusqu'au 1er janvier 1826 : en supposant que les 400 millions eussent été réellement comptés le 1er juillet 1824 (si l'époque du versement est reculée, on ne fera que grossir le bénéfice des traitans), ils auroient produit 30 millions d'intérêt pour dix-huit mois. Ajoutez-y 30 millions retranchés aux rentiers qui, ayant consenti à la réduction, seroient restés possesseurs du capital de 2 milliards 400 millions, vous trouverez 60 millions, intérêts ou primes, pour un capital de 400 millions, dans l'espace de dix-huit mois, c'est-à-dire 10 pour 100 par an. Les 30 millions de primes dont je viens de parler sont incontestables : en effet, le capital de 140 millions de rente est 2 milliards 800 millions; Rostchild et compagnie en prennent 400 millions, il reste donc 2 milliards 400 millions pour les rentiers qui ont consenti à la réduction; ces 2 milliards 400 millions donnoient, avant la conversion, 120 millions par an. A compter du 1er octobre 1824, ils n'auroient plus donné que 96 millions, différence pour un an 24 millions, pour quinze mois 30 millions adjugés à Rostchild et compagnie par le traité. Je néglige même dans ce calcul les huit derniers jours de septembre, qui auroient évidemment tourné à leur profit.

Vous tous ministériels, je vous le demande, ce-

calcul n'est-il pas mathématiquement vrai ? Puisqu'il en est ainsi, essayez de justifier votre patron d'être venu sciemment tromper la Chambre des Députés en disant (page 10 de l'exposé des motifs):
« Quelle plus forte raison pourroit être donnée du
» fait que nous avançons, et qui doit décider toute
» la question, savoir que l'abondance des capitaux
» et le crédit de l'Etat sont tels que nous pouvons
» emprunter à 4 pour 100 en rente constituée. »
Vous pouvez empruter à 4 pour 100 ! et vous payez 10 pour 100 ; et pour vous procurer encore des fonds à ce dernier taux, vous promettez de rembourser 133 fr. 33 cent. pour chaque 100 fr. que vous avez reçu. Je recommande l'argument qui précède à la méditation de MM. les pairs et de MM. les députés qui votèrent en faveur du projet de loi, par la confiance qu'ils avoient dans la probité politique et dans les lumières de M. de Villèle. Il faudra toute l'autorité de l'histoire et le témoignage unanime des contemporains, pour convaincre nos neveux qu'un pareil projet ait pu être sérieusement discuté dans les deux Chambres ; sans cela, ils s'obstineroient à le nier.

C. C. J., *ancien député.*

IVᵉ LETTRE DU MÊME AU MÊME.

Paris, 10 janvier 1825.

Monsieur,

Les ministériels, pressés sans doute par ces calculs inattaquables, nous feront la grâce de convenir que le placement de 400 millions, jusqu'au 1ᵉʳ janvier 1826, auroit été infiniment avantageux pour les traitans; mais ils nous opposeront qu'à compter de cette époque, ces Messieurs auroient été obligés de se contenter de 4 pour 100 de leur capital : ces spéculateurs se contenter de 4 pour 100! Mais tout le public de la bourse accuse un de ces Messieurs d'avoir prêté 6 millions au taux de 3 pour 100 pour trente jours, ce qui porte l'intérêt à 36 par an. Cependant nous voyons journellement que les tribunaux, dans toutes les parties de la France, condamnent des individus pour avoir prêté à 10 ou 12 pour 100. Ce n'est donc qu'à Paris que l'usure pourroit s'exercer impunément? Mais pourquoi aussi des rustres et des marauds s'avisent-ils d'agioter en province? C'est un privilége qui doit être réservé à la capitale. L'agiotage ou l'usure doivent se fixer dans cette enceinte, parce que c'est là seulement que résident les hommes titrés de la haute finance, les gens, en un mot, de bon ton et de bonne compagnie. Du reste je ne me suis permis cette digression que pour l'instruction de M. Bellart pour qui, d'ailleurs, et j'aime à le dire, je suis pénétré de l'estime la mieux sentie. Si un pareil scandale avoit eu réellement lieu et qu'il vînt à se reproduire, ce zélé défenseur de la morale publique en poursuivroit l'auteur, sans se laisser intimider par la puissance qui tenteroit de le couvrir de son égide.

Je répondrai aux ministériels : Au 1er janvier 1826, les traitans seroient rentrés dans la totalité de leurs capitaux; ils avoient devant eux dix-huit mois. Inscrits à la date du 1er juillet 1824 sur le nouveau livre des 3 pour 100, pour 16 millions de rente, ils pouvoient commencer à vendre ce jour-là même, au prix de 81 fr. (je suppose ce prix, parce que c'est le taux le plus modéré auquel on les a évalués, ce prix avoit été d'ailleurs déjà coté à Londres et à Paris). Si vous admettez les 16 millions écoulés à ce prix au 1er janvier 1826, vous trouverez que ces 16 millions auroient procuré la rentrée de 432 millions; ajoutez-y les 60 millions pour intérêts et primes, vous trouverez qu'au 1er janvier 1826, les traitans auroient encaissé 492 millions. Donc les 400 millions auroient produit, dans dix-huit mois, 92 millions, c'est-à-dire au-delà de 15 pour 100 par an.

Si on se permettoit de me dire que les 16 millions de rente n'auroient pas pu être écoulés dans dix-huit mois, je répondrois que dans le moment où l'on discutoit à la Chambre des Députés le projet de loi, voulant fixer mon opinion sur les bénéfices que présentoit l'opération, je m'adressai au chef d'une des premières maisons de commerce de la capitale; je lui demandai dans combien de temps il croyoit que les traitans pourroient écouler leurs 16 millions de rente : il me répondit dans moins d'un an, s'ils le veulent. Je me récriai sur son assertion; il me paroissoit qu'il y avoit de l'exagération ; je persistai même dans ce sentiment jusqu'à l'époque où M. de Villèle prit la peine de me détromper. Le ministre annonça à la tribune, dans le mois de mai, que M. Rostchild et compagnie avoient déjà réalisé un bénéfice de 75 millions sur l'emprunt de 23 millions de rente. Cette proposition ne pouvoit être vraie qu'autant que Rostchild auroit eu écoulé plus de 20 millions de rente. Il ne faut pas oublier que le traité avoit eu lieu le 9 août 1823. Si donc, dans l'espace de neuf mois, Rostchild avoit pu écouler 20 millions de rente 5 pour 100, il pouvoit bien, dans un an, écouler 16 millions 3 pour 100, à plus forte raison le pouvoit-il dans dix-huit mois.

M. de Villèle est donc venu dire aux députés, si ce n'est par des mots identiques, au moins par des expressions équivalentes : « Messieurs, l'intérêt de
» l'argent est au-dessous de 4 pour 100 : il faut donc
» réduire l'intérêt de la dette publique à 4 pour 100;
» et la preuve évidente que l'intérêt est au-dessous
» de 4 pour 100, c'est que, par des soins multipliés,
» je suis parvenu à me procurer 400 millions au
» taux de 15 pour 100 par an. » On ne sait ce que

l'on doit le plus admirer, ou la témérité du ministre qui parloit ainsi, ou la bonhomie de ceux qui se laissoient entraîner par la puissance d'une telle logique.

C. C. J., *ancien député.*

V.º LETTRE DU MÊME AU MÊME.

Paris, 18 janvier 1825.

Monsieur,

C'est encore de l'ancien projet que je vais vous entretenir ; mais comme le nouveau s'y rattache par tant de points essentiels, vous trouverez que mes raisonnemens contre le premier s'appliquent parfaitement au second. La discussion porte donc sur l'un et l'autre.

M. de Villèle, dans l'exposé des motifs, fit de grands efforts pour combattre l'objection concernant les rentiers qui ont eu à supporter la réduction des deux tiers; mais il me semble qu'il ne fut pas heureux. Ses réponses laissent beaucoup à désirer. Les porteurs de ces effets ne demandoient aucune réparation : s'ils n'étoient pas tout-à-fait consolés de la banqueroute qu'ils avoient éprouvée, ils la supportoient avec la plus édifiante résignation. Je n'en ai pas entendu un seul depuis la restauration réclamer le rétablissement des deux tiers ; ils se contentoient de lui dire : M. le ministre, n'ajoutez pas une nouvelle injustice à celle dont nous avons été déjà les victimes. Le possesseur de 20 fr. de rente pouvoit lui dire : J'avois 60 fr. de rente, on m'a fait banqueroute de 40 fr., ne me faites pas supporter une nouvelle perte de 4 fr. en réduisant mes *pauvres* 20 fr. à 16 fr. Il ne faut pas s'étonner du reste que Son Excellence se soit montrée si foible sur ce point. A l'argument du rentier il n'y a aucune bonne raison à opposer, sinon celle du plus fort.

Son Excellence dit encore dans l'exposé des motifs : « La rente seroit montée à 110 ou 115 fr., si
» la loyauté du gouvernement ne l'eût porté à
» laisser pénétrer ses intentions, à mesure qu'il a
» conçu l'espérance de les réaliser. »

Voilà une assertion bien hasardée, dont au reste Son Excellence ne donne pas la moindre preuve. Je dis au contraire que nous n'aurions pas encore vu la rente monter au pair, si le gouvernement n'avoit pas manifesté l'intention de réduire les intérêts à 4 pour 100, ou, en d'autres termes, je soutiens que l'annonce du projet de loi, bien loin d'avoir empêché la rente de monter, a été au contraire la véritable cause de son élévation subite.

Pour prouver la vérité de ma proposition, les raisons se présentent en foule. Je vais me borner à en indiquer quelques unes.

Je dirai à M. de Villèle : Vous aviez conçu le projet avant que la rente eût atteint et dépassé le pair, ou vous ne l'avez conçu qu'après; il n'y a pas de milieu. Or je vais prouver par des faits incontestables que, long-temps avant que la rente eût atteint le pair, vous aviez conçu votre plan. Aviez-vous donc le don de prophétie? Non. Vous saviez seulement qu'au moyen de votre puissant auxiliaire Rostchild, vous pouviez élever la rente au-dessus du pair, et vous avez manœuvré pour bâtir l'édifice, comme si elle l'eût déjà dépassé.

A la fin de novembre 1823, les 5 pour 100 avoient à peine atteint le cours de 90 fr. Voici le cours du comptant au 1er décembre : dernier cours, 90 fr. 25 cent.

Le 31 décembre, il fut coté à 92 fr. 25 cent.

Dans le mois de janvier 1824, il s'éleva considérablement, et fut coté le 31 à 96 fr. 25 cent.

Enfin le 17 février, les 5 pour 100 atteignirent et dépassèrent le pair. Le dernier cours du comptant, est coté ce jour-là à 100 fr. 15 cent.; le 25 mars la rente n'étoit qu'à 100 fr. 80 cent., et le lendemain, elle fut cotée à 103 fr. 25 c.

Dans le mois de décembre 1823, le projet de réduction commença à transpirer à la bourse. Bientôt on en parla publiquement; les journaux en firent mention. Cela posé, si vous daignez jeter les yeux sur le cours de la rente depuis le mois de novembre 1823 jusqu'au 26 mars 1824, vous ne pourrez vous empêcher de remarquer que le prix de la rente s'élevoit à proportion que le projet de réduire les intérêts, prenoit de la consistance.

Ce n'est donc pas le projet de réduction jeté en avant, qui a empêché la rente de monter à 115 fr.; c'est au contraire le projet lui-même qui a fait monter la rente au-dessus du pair. En deux mots, l'élévation du prix de la rente a suivi l'annonce du projet; c'est ici, ou jamais, le cas de dire : *post hoc, ergo propter hoc.*

Il falloit bien que M. de Villèle élevât le prix de la rente au-dessus du pair, sans cela il falloit renoncer au projet. Si le prix de la rente, dans son *maximum*, n'eût été que de 90 fr, on se seroit moqué de lui dans les deux Chambres, s'il étoit venu proposer de la racheter au prix de 100 fr. C'est donc M. de Villèle et les traitans qui ont opéré la hausse dont nous avons été les témoins, d'où il résulte que celui qui se plaignoit à la tribune de la fièvre chaude, en avoit été le véritable inoculateur à la bourse de Paris.

Ici des souvenirs tristes et accablans s'emparent de mon imagination : je vois les malheureux dont la fortune a été engloutie par la hausse produite à cause du fatal projet; mais, ce qui me déchire le cœur, c'est que je crois entendre les hurlemens des victimes qui, du fond des enfers, laissent échapper toutes sortes d'imprécations contre le principal auteur de leur suicide. Je crois apercevoir, la nuit et le jour, leurs mânes errer autour du fameux hôtel de la rue de Rivoli, ce qui n'empêche pas Monseigneur de persister dans son funeste projet, et de provoquer de nouveaux malheurs, héroïquement résigné, en cas d'échec, à se laisser déporter, non dans les déserts de Synamari, où gémiroient encore, sans l'auguste protection du plus magnanime des princes, les malheureux déportés de la Martinique, mais au palais du Luxembourg, où se réunissent toutes les illustrations.

S'il eût été vrai que la manifestation du projet de réduire les intérêts eût empêché la rente de monter à 115 fr., après le rejet de la loi proposée, elle y seroit montée rapidement. Au lieu de cette élévation, elle tomba successivement à 97 fr., et elle seroit tombée bien au-dessous, si M. de Villèle n'étoit venu relever la foi chancelante des prêteurs, en leur donnant l'assurance que le projet de loi seroit reproduit et adopté à la session suivante.

C. C. J., ancien député.

VIe LETTRE.

16 janvier 1825.

Monsieur,

Vous n'avez pas sans doute oublié la principale raison que fit valoir M. de Villèle dans l'exposé des motifs. Il disoit qu'il n'étoit pas tolérable que la caisse d'amortissement, c'est-à-dire les contribuables, payassent au-delà de cent francs pour le rachat de 5 fr. de rente. Voilà sans doute un motif très-plausible ; mais la conséquence qu'il falloit en tirer, étoit que toutes les fois que le prix de la rente excéderoit 100 fr., plus les intérêts du semestre échu, la caisse d'amortissement devoit suspendre ses achats.

M. de Villèle, en avançant sa proposition, ne s'étoit peut-être pas aperçu que plus tard il seroit pris dans ses propres filets. Si le projet de loi eût été adopté, la caisse d'amortissement eût dû cesser ses achats sur les 3 pour 100, toutes les fois que le prix de ceux-ci eût excédé 75 fr., plus les intérêts du semestre échu. En effet, les 3 pour 100 étant au-dessus de 75 fr., la caisse d'amortissement, pour racheter 4 fr. de rente, eût dû dépenser plus de 100 fr. ; mais, s'il n'étoit pas tolérable de dépenser plus de 100 fr. pour racheter 5 fr. de rente, il étoit bien-moins tolérable de dépenser plus de 100 fr. pour en racheter 4.

J'ai vivement regretté qu'un des pairs de France n'eût pas proposé, par amendement, que toutes les fois que les 3 pour 100 excéderoient le prix de 75 fr., plus les intérêts du semestre échu, la caisse d'amortissement suspendît ses achats. Il eût été bien difficile à M. de Villèle de le combattre ; s'il l'avoit tenté, on auroit pu lui dire avec toute vérité : *mentita est iniquitas sibi*. Si l'amendement eût été adopté, je garantis que le projet de loi eût été retiré le lendemain. Rostchild n'y auroit plus trouvé son compte.

On a dit que dans le traité il y avoit un article secret, dans lequel M. de Villèle s'engageoit, sous peine de manquer à l'honneur et à la foi publique, de faire continuer l'action de la caisse d'amortissement sur les 3 pour 100, jusqu'à ce qu'ils eussent approché du pair. J'ignore si le fait est exact, mais il me paroît impossible qu'il ne le soit pas; sans cette clause, je défie tout homme raisonnable de concevoir que Rostchild eût pu souscrire le traité.

L'argument qui précède me paroît si concluant, que je porte encore aujourd'hui à l'écrivain le plus intrépide de la trésorerie, le défi de répondre à cette simple question.

Si l'amendement dont je viens de parler, eût été proposé dans l'une des deux Chambres, M. de Villèle l'eût-il consenti ou l'eût-il combattu? La réponse qu'on essaieroit de faire est déjà pulvérisée par les raisons que j'ai données.

J'ai beaucoup insisté sur ce point; mais ne vous y trompez pas, Monsieur, c'est là le véritable nœud de la question.

C. C. J., ancien député.

VIIe LETTRE.

18 janvier 1825.

MONSIEUR,

Je vais actuellement aborder une question plus sérieuse. Si je ne m'abuse point, elle est si importante, si décisive, domine tellement le sujet que de sa solution dépend le sort du système de M. de Villèle.

Je vais signaler un vice radical, une erreur matérielle dans le projet de loi ; elle a glissé inaperçue, que dis-je, elle a été admise comme une vérité dans la discussion par les orateurs de toutes les opinions. Les écrivains, qui ont publié des brochures pour ou contre, n'ont pas été mieux inspirés. Aucune voix ne s'est élevée pour réclamer; je dois donc m'attendre à trouver beaucoup de contradicteurs.

Quant à vous, Monsieur, je serois bien flatté si votre opinion m'étoit favorable, mais ce n'est point un acte de complaisance que je sollicite. Sûr d'avoir pour moi la raison et la vérité, ce seroit ma faute si, par mes argumens, je ne parvenois pas à conquérir votre suffrage par la conviction.

En lisant le projet de loi, je fus étonné de ne pas y trouver la rédaction suivante :

Article unique.

Le ministre des finances est autorisé à substituer des rentes, 4 pour 100, à celles déjà créées par l'Etat à 5 pour 100, soit qu'il opère par échange des 5 contre des 4 pour 100, soit qu'il rembourse les 5 au moyen de la négociation des 4 pour 100.

L'opération ne pourra être faite qu'autant : 1° qu'elle aura conservé aux porteurs des 5 pour 100 la faculté d'opter entre le remboursement du capital nominal et la conversion à 4 pour 100; 2° qu'elle présentera pour résultat définitif une diminution d'un cinquième sur les intérêts des capitaux convertis ou remboursés; 3° que le trésor entrera en jouissance de cette diminution au 1ᵉʳ janvier 1826 au plus tard.

Il me semble que cette rédaction toute simple, toute naturelle et indiquée par le bon sens, eût été parfaitement comprise du public; elle étoit d'ailleurs conforme à l'idée que l'on s'étoit déjà faite de l'opération. Je me demandai pourquoi M. de Villèle, au lieu de cette rédaction, en avoit adopté une qui jetoit de la confusion dans les esprits, pourquoi il avoit été parler des 3 pour 100, qui n'avoient rien de commun ni avec le principe ni avec le but de l'opération : je ne cherchai pas long-temps les motifs qui l'avoient dirigé. Ils se réduisent à deux.

Le premier, c'est qu'il lui étoit bien plus facile d'élever le prix des 3 pour 100 que celui des 4 pour 100.

Le second, c'est qu'il falloit présenter une amorce, tendre un piége aux porteurs des 5 pour 100; je m'explique : en établissant les 4 pour 100, les rentiers qui auroient consenti à la conversion, n'auroient eu la perspective de recevoir à l'époque du remboursement que 100 francs de capital pour 4 francs de rente, au lieu qu'en établissant des 3 pour 100, le ministre leur donnoit l'assurance qu'à l'époque du remboursement, l'Etat seroit obligé de leur payer 100 francs pour 3 francs de rente, et, par conséquent, 133 francs pour 4 francs. Remarquez que cette assurance n'étoit donnée que dans l'exposé des motifs, et qu'il n'en est point question dans le dispositif de la loi. Je prouverai bientôt que cette assurance n'étoit qu'une jonglerie, je me trompe, je devois dire une ruse coupable pour exploiter la crédulité des rentiers.

Je fus conduit naturellement à une réflexion singulière. Pourquoi, me dis-je, M. de Villèle, au lieu des 3 pour 100 au prix de 75 francs, n'a-t-il pas proposé des 2 pour 100 au prix de 50 francs ? Le résultat étoit le même, avec la différence qu'il lui étoit bien plus aisé encore d'élever le prix des 2 pour 100 que celui des 3 pour 100, et que l'amorce auroit eu bien plus d'attrait pour les porteurs des 5 pour 100. Par la substitution des 3 pour 100 aux 5 pour 100, ils n'avoient que la perspective de recevoir 133 francs pour 4 francs de rente; par la substitution des 2 pour 100 ils auroient eu la perspective de recevoir 200 francs, c'est-à-dire, deux capitaux au lieu d'un qui leur étoit dû. Il pouvoit pousser la chose plus loin encore, il n'avoit qu'à substituer des 1 pour 100 au prix de 25 francs ; les rentiers auroient eu la perspective de recevoir, à l'époque du remboursement, 400 francs pour 4 francs de rente.

M. de Villèle ayant dénaturé le sens des mots, je suis obligé d'en rappeler la véritable signification.

Qu'entend-on par ces mots 5 *pour* 100? On avoit cru, jusqu'au moment de l'arrivée de M. de Villèle au ministère des finances, et sans doute l'on croira long-temps encore, après qu'il en sera sorti, que 5 pour 100 signifient un capital placé de manière que chaque 100 francs produisent un intérêt, une rente de 5 francs : 3 pour 100 signifient un capital qui rapporte annuellement 3 francs par chaque 100 francs, etc. Je demande pardon au lecteur si je le ramène à des notions aussi simples. Tout le monde sait que les enfans les acquièrent parfaitement en quinze jours d'étude chez les frères ignorantins, ou à une école d'enseignement mutuel.

Actuellement, je demanderai à M. de Villèle : que veulent dire ces mots que je lis dans le projet de loi, trois pour cent au taux de 75 francs ? Il me pàroît qu'il a dit là une absurdité, un non-sens : c'est un assemblage de mots qui se détruisent mutuellement. Si vous laissez subsister 3 pour 100, il faut rayer *au taux de* 75 francs. Si, au contraire, vous voulez laisser subsister 75 francs, il faut rayer le mot *cent*, et dire, si vous voulez parler en français intelligible, 3 pour 75 ou 4 pour 100, ce qui est parfaitement identique.

Si le projet de loi eût été adopté, et que l'on eût demandé à Rostchild: indépendamment de la prime qui vous a été accordée, à quel taux avez-vous placé vos fonds ? il auroit répondu à 4 pour 100. M. de Villèle auroit dit aussi qu'il avoit emprunté à 4 pour

100, puisqu'il s'en vantoit même dans l'exposé des motifs. L'Etat, pour se libérer vis-à-vis de ses créanciers, désignez-les comme il vous plaira, porteurs de 3 fr. de rente pour 75, ou porteurs de 4 pour 100, ne devra leur payer que 75 francs pour 3 francs de rente, ou 100 francs pour 4 francs.

Dans les premières lignes du projet de loi, je lis : « Le ministre des finances est autorisé à substituer » des rentes 3 pour 100 à celles déjà créées par » l'Etat à 5 pour 100. » Mais pour substituer *ces rentes* 3 pour 100, il faudroit au moins les avoir. Où sont-elles? On me dira : M. de Villèle va les créer au taux de 75. Hé bien, soit; mais si le projet eût été adopté, il eût été constaté par la loi même que l'Etat s'étoit constitué débiteur de 3 francs de rente pour chaque 75 francs; donc, en remboursant 75 francs il pouvoit se libérer de 3 francs de rente. Il faut bien faire attention que le nouveau contrat entre le ministre et les porteurs des 5 pour 100 qui auroient consenti à la conversion n'auroit contenu qu'une clause qui, dénaturant seulement l'intérêt, en le réduisant de 5 à 4 pour 100, n'auroit changé et ne pouvoit rien changer au capital nominal spécifié antérieurement.

VIII⁰ LETTRE.

Paris, 2 janvier 1825.

Monsieur,

On n'improvise pas, on ne crée pas des rentes constituées par des fictions; pour qu'il y ait véritable contrat de rente constituée, l'acte doit désigner les noms du prêteur et de l'emprunteur, indiquer la quotité de la rente, et le capital nominal au moyen duquel la rente est consentie. Sans ces conditions, il est impossible de concevoir la création d'une rente constituée.

Un contrat de rente constituée peut cesser d'avoir son effet de deux manières : si le débiteur de la rente néglige de la payer, qu'il se laisse constituer en demeure, et s'obstine à ne pas se mettre en règle, le propriétaire de la rente le fait condamner au remboursement du capital spécifié dans le contrat.

Si l'emprunteur a le moyen de rembourser le capital, et qu'il veuille l'effectuer, il somme le propriétaire de la rente de le recevoir; en cas de refus, il consigne, avec les intérêts échus, le capital nominal spécifié dans l'acte, et les tribunaux le déclarent valablement libéré. Dans l'une et l'autre hypothèse, le contrat se trouve anéanti.

Si les principes que je viens de développer sont

incontestables, comme je n'en doute point, il me sera facile de vous convaincre que M. de Villèle est venu proposer aux Chambres une chose illégale, illicite, et dont l'effet immédiat seroit, dans le nouveau projet comme dans l'ancien, de consacrer la légitimité de l'usure. Il veut faire sanctionner à MM. les pairs et les députés, tuteurs de la nation toujours mineure, un acte qu'aucun notaire, je ne dis pas de Paris, mais du plus petit village du royaume, n'auroit pas voulu retenir.

Allez-vous en effet chez le moins instruit de ces fonctionnaires, dites-lui que M. R va vous prêter 100,000 fr. à 3 pour 100, au taux de 75 fr., il vous dira : Je vais vous rédiger l'acte comme il doit l'être. Vous consentez à payer une rente de 4000 fr. à M. R. moyennant le capital de 100,000 fr.; ce qui est synonyme de vos 3 pour 100 au taux de 75 fr. Expliquez-lui que d'après le principe de M. de Villèle la chose ne doit pas être ainsi; qu'en mettant 3 pour 100 au taux de 75 fr., vous contractez l'engagement de rembourser 133,333 fr. 33 cent., si vous voulez user du droit de vous libérer.

Le notaire vous congédiera bien vite; il vous dira que s'il avoit la foiblesse de retenir un acte pareil, les tribunaux casseroient la clause comme usuraire et immorale; qu'il seroit destitué et condamné à des peines. Il ajouteroit même que, malgré l'engagement pris par vous, les tribunaux vous déclareroient parfaitement libéré, en remboursant

100.000 fr., attendu qu'il résulte de l'acte que ce n'est que cette somme que vous avez reçue.

Si, pour le malheur de la France, les Chambres votoient le projet ministériel, elles donneroient le dangereux scandale d'apprendre au public le moyen d'éluder un article fondamental du Code.

L'article 1911 est ainsi conçu : « La rente cons- » tituée en perpétuel est essentiellement rachetable. »

Hé bien ! si le projet de loi est adopté, je vais prêter 100,000 fr. à 2 pour 100, au taux de 50 fr. : j'aurai là, en dépit du Code, une rente constituée en perpétuel et irrachetable de 4000 fr., attendu que mon débiteur ne voudra point me rembourser 200,000 fr. pour se libérer. Pour plus de sûreté encore, je prêterai mes 100,000 fr. à 1 pour 100 au taux de 25 fr. Pour le coup vous conviendrez que ma rente sera bien irrachetable : le débiteur ne sera pas assez insensé pour me rembourser 400,000 fr. S'il faisoit enfin cette folie, quatre capitaux pour un peuvent bien consoler l'agioteur le plus difficile.

S'il vous restoit, Monsieur, quelque doute sur les principes que j'ai exposés, et sur les conséquences que j'en ai déduites, je vous invite à communiquer mon opinion à quatre de vos collègues dont les opinions ne sauroient être suspectes au ministère. Les talens et les connoissances qu'ils possèdent en matière de législation les rendent très-compétens. Je ne crains pas de m'en rapporter à leur décision. Consultez MM. Bonnet, Martignac, Cardonnel et Pardessus : adressez-vous à tous les jurisconsultes distingués qui siégent dans la Chambre, vous n'en trouverez pas un seul, je ne crains pas de l'affirmer, qui ne soit d'avis que le débiteur d'une rente constituée est parfaitement libéré, lorsqu'il rembourse le capital nominal spécifié dans l'acte. M. de Villèle a donc beau créer des rentes à 3 pour 100 au taux de 75 fr., l'Etat ou la nation toujours mineure aura le droit incontestable de se libérer de 3 fr. de rente en remboursant 75 fr.

C. C. J., *ancien député.*

IXe LETTRE.

Paris, 24 janvier 1825.

MONSIEUR,

Vous avez remarqué sans doute le nouveau tour de force de M. de Villèle : il ne se contente pas de dire indirectement à MM. les pairs et à MM. les députés : je ne vous accorde l'indemnité pour les émigrés qu'à condition que vous voterez la réduction de l'intérêt de la dette publique ; il leur insinue encore d'une manière expresse et positive, que le capital de l'indemnité ne seroit qu'une fiction sans la réduction de l'intérêt de la dette publique, et que c'est celle-ci seulement qui peut donner une valeur réelle au capital de l'indemnité. Par ce moyen, Son Excellence se flatte d'avoir lié les deux nouveaux projets d'une manière indissoluble, c'est-à-dire que l'adoption du projet d'indemnité nécessite l'adoption de celui de la réduction de l'intérêt de la dette publique.

Il résulte de là que Son Excellence commence par discréditer, autant qu'il est en son pouvoir, l'indemnité des émigrés ; ce que je vais dire rendra plus sensible cette observation.

Pour chaque 100 fr. de perte éprouvée par l'émigré, M. de Villèle n'alloue que 3 fr. de rente, tandis qu'il donne 4 fr. de rente à chaque 100 fr. des possesseurs de 5 pour 100, qui voudront consentir à la réduction. Il préjuge donc que le capital d'un milliard apporté par les émigrés, ne vaut que les trois quarts du milliard qui pourra se présenter pour être converti en 3 pour 100 par les possesseurs des rentes 5 pour 100. Il dit, quoique en d'autres termes, que le capital du milliard qu'il lui plaît d'adjuger aux émigrés, n'est que fictif, et que la valeur réelle n'est que de 750 millions, puisqu'il accorde 30 millions de rente, 3 pour 100, aux 750 millions apportés par les possesseurs des 5 pour 100, qui consentent à la réduction, tandis qu'il ne donne également que 30 millions de rente, 3 pour 100, aux émigrés, pour un capital d'un milliard ; mais ce n'est pas tout.

Supposons, ainsi que l'a déjà supposé un journal ministériel, que les porteurs des 5 pour 100, c'est-à-dire M. Rostchild et ses associés, apportent 50 millions de rente pour être convertis en 3 pour 100. A compter du 22 juin 1825 jusqu'au 22 juin 1830, il y aura cinq années révolues qui produiront aux porteurs des 5 pour 100 convertis, 205 millions, tandis que les indemnisés ne percevront pendant les mêmes cinq années que 90 millions : différence, à leur préjudice, 115 millions. Cependant ils avoient apporté au grand-livre des 3 pour 100 un milliard de créances, tout comme les possesseurs des 5 pour 100. Comme le résultat que je viens de signaler pourroit paroître erroné au premier coup d'œil, je vous prie de me permettre d'en faire la démonstration.

Le milliard apporté par les propriétaires des 5 pour 100 convertis, produira par an 40 millions ; mais la première année ils toucheront 45 millions, attendu que les six derniers mois de 1825, ils toucheront jusqu'au 22 décembre l'intérêt à 5 pour 100 (article 4 du projet de loi). Il est donc évident que les porteurs des 5 pour 100 convertis recevront en intérêts, les cinq premières années, 205 millions.

Quant aux indemnisés aux termes de l'article 6 de la loi, ils ne percevront, la première année, que 6 millions, du 22 juin 1825 au 22 juin 1826 ; 12 millions la seconde année ; 18 millions la troisième année ; 24 millions la quatrième année ; et enfin 30 millions la cinquième année, qui sera révolue le 22 juin 1830 : total, 90 millions, au lieu de 150 millions qui paroissoient garantis aux indemnisés, d'après les principes développés dans l'exposé des motifs.

J'ignore si c'est par inadvertance ou sciemment que le ministre retranche aux indemnisés, pendant les cinq premières années, 60 millions d'intérêts. Si c'est inadvertance, je le conçois aisément. Depuis quelque temps Son Excellence manie les milliards avec tant de dextérité, qu'une somme de 60 millions de moins aura pu glisser inaperçue; mais si ce retranchement avoit eu lieu avec connoissance de cause, je serois porté à croire que M. de Villèle, par ce premier essai, a voulu préparer les indemnisés à supporter plus tard des pertes plus considérables sur le capital. En attendant, vous voyez là, Monsieur, un aperçu de la justice distributive, telle que se propose de l'exercer M. de Villèle.

Je termine cette lettre, déjà bien longue, en vous invitant à faire ressortir, lors de la discussion, la monstruosité qui résulteroit des deux projets de loi. On verroit un grand-livre où les mêmes capitaux produiroient pour les uns 3 pour 100, et pour les autres 4 pour 100.

Pour les indemnisés ce seroit un véritable livre de 3 pour 100, tandis que pour les agioteurs ce seroit un véritable livre de 4 pour 100.

C. C. J., *ancien député*.

X.ᵉ LETTRE.

Paris, 31 janvier 1825

Monsieur,

Je vous ai déjà signalé la perte qu'éprouveroient les indemnisés sur les intérêts pendant les cinq premières années ; voyons maintenant celles dont ils sont menacés sur le capital.

Cinquante millions de rente 5 pour 100 seront présentés (ainsi que je l'ai dit dans ma précédente lettre) pour être convertis en 3 pour 100 au taux de 75 fr. Nous aurons, au 22 juin prochain, un nouveau livre sur lequel seront inscrits d'abord 40 millions de rente 3 pour 100 appartenant aux porteurs des 50 millions 5 pour 100 convertis ; plus tard seront inscrits 30 millions pour les indemnisés : total 70 millions.

Pour les indemnisés l'opération est très-légale. M. de Villèle a bien voulu reconnoître qu'ils étoient porteurs d'une créance d'un milliard, il leur donne 30 millions de rente : je vois là un véritable contrat de rente constituée au taux de 3 pour 100; si M. Rostchild et compagnie apportent 1 milliard de créances en 5 pour 100, donnez-leur aussi 30 million de rente, vous aurez alors 60 millions de rente légalement constituée au taux de 3 pour 100; mais avec la même ingénuité qu'il disoit l'année passée aux Chambres qui se plaignoient de ce qu'il payoit des intérêts usuraires aux traitans, « J'ai été forcé » de leur accorder ces avantages, sans quoi ces » Messieurs ne m'auroient prêté; » M. de Villèle vous dira cette année-ci : « Je suis bien obligé de » leur accorder 40 millions de rente, sans quoi ils » ne consentiroient pas à la conversion. » Hé bien, donnez-leur donc 40 millions de rente pour 1 milliard. Nous aurons là un nouveau contrat de rente constituée à 4 pour 100 dont la nation en tout état de cause aura le droit de se libérer en remboursant ce milliard. Nous empêcherons que par des subtilités vous parveniez à l'obliger, pour racheter ces 40 millions, à payer 1333 millions 333,333 fr. 33 c. Je reviendrai plus tard sur cette question.

S'il étoit possible de vendre ces 70 millions de rente 3 pour 100 au taux commun de 85 fr. (c'est un journal ministériel qui a déjà donné cette évaluation), les indemnisés perdroient 150 millions, puisque leurs 30 millions ne produiroient que 850 millions au lieu du milliard accordé, les porteurs des 40 millions gagneroient au contraire 133 millions 333,333 fr. 33 centimes, puisque 40 millions 3 pour 100, au prix de 85 fr., donnent 1133 millions, etc. ..., au lieu du milliard apporté. Le bénéfice est donc de 133 millions, etc.

Supposons actuellement que les 70 millions soient vendus au taux de 87 fr., les indemnisés ne perdroient plus que 130 millions, puisqu'ils retireront 870 millions de leur capital d'un milliard, mais les porteurs des 40 millions gagneront 160 millions, puisque 40 millions 3 pour 100, vendus au cours de 87 fr., donnent 1160 millions pour le milliard converti ; le bénéfice est donc de 160 millions, dont 130 millions au préjudice des émigrés, et 30 millions au préjudice des contribuables.

Si les ventes ont lieu au prix de 90 fr., les indemnisés ne perdront plus que 100 millions, puisqu'ils retireront 900 millions de leur capital, mais les porteurs des 40 millions gagneront 200 millions, puisque 40 millions vendus au prix de 90 fr., donneront 1200 millions pour le milliard converti. Les indemnisés perdront donc 100 millions ; les contribuables, 100 millions ; total de la perte, 200 millions qui deviennent la proie de MM. les agioteurs.

J'en appelle à la loyauté de MM. les émigrés qui sont dans les deux Chambres ; ne doivent-ils pas se prononcer contre une combinaison qui, en écrasant les contribuables, ne fait que grossir les gains illicites de certains spéculateurs. Les journaux ministériels, ne pouvant nier l'évidence des résultats que je viens de donner, essaieront de critiquer peut-être quelques unes de mes suppositions. Ah! malheureusement il n'est que trop vrai qu'il y en a une d'évidemment fausse, c'est celle où j'admets que les émigrés pourront vendre leurs 3 pour 100 au taux de 85, 87, 90 fr. ; les agioteurs seuls auront la faculté d'écouler leurs 40 millions au prix qu'ils voudront, dans le temps que les premiers ne seront occupés qu'à faire reconnoître leurs droits devant les autorités compétentes pour parvenir à la liquidation. Elle est entourée de tant de difficultés, qu'un ancien administrateur, et qui s'y connoît, estime que si le projet de loi est adopté tel qu'il est, dans quinze ans l'opération ne sera pas terminée ; vous serez peut-être de son avis, si vous faites attention que l'arriéré ne s'élève pas à 500 millions, et que la liquidation n'est pas finie, quoique l'on y travaille depuis dix ans.

Quand, enfin, les indemnisés auront obtenu leurs inscriptions, s'ils sont dans la nécessité de les réaliser, ils seront trop heureux de les vendre au prix de 60 fr. Ceci demande quelques dévelopemens ; je m'y livrerai d'autant plus volontiers que j'ai tout lieu d'espérer de vous fournir ainsi le moyen sûr d'asseoir votre jugement sur une fameuse controverse. M. de Villèle et ses adhérens soutiennent imperturbablement que l'élévation de nos effets publics doit être attribuée à l'amélioration de notre crédit; d'un autre côté les royalistes constitutionnels s'obstinent à rejeter sur l'agiotage la hausse actuelle de la rente.

C. C. J,, *ancien député.*

XI.e LETTRE.

Paris, 1er février 1825.

Monsieur,

Vous savez que l'Etat paie environ 200 millions de rente 5 pour 100. Quels sont les porteurs de ces inscriptions ? Il y en a de deux espèces qu'il faut distinguer soigneusement. D'un côté, ce sont de véritables rentiers, des personnes prudentes et économes qui, par leur travail, leur industrie et par des épargnes, étant parvenues à se créer un certain capital, se sont décidées à le placer en rentes sur l'Etat, afin d'assurer leur existence et celle de leurs enfans. Je crois faire la part un peu large en admettant que ces individus possèdent environ 112 millions que j'appelle *rentes véritablement classées*.

Dans l'autre espèce se trouvent des spéculateurs, ou plutôt, généralement parlant, des agioteurs qui n'ont acheté et ne conservent momentanément des rentes que pour gagner sur le capital plusieurs millions en quelques mois. Ces hommes cupides ne se bornent pas à toucher par année 5 ou 6 pour 100 de revenu ; il leur faut des bénéfices énormes sur le capital. Je crois que cette classe possède environ 50 millions de rente qu'on appelle vulgairement *rentes flottantes*.

Admettons actuellement que les deux projets de

loi soient adoptés ; voici ce qui arrivera infailliblement. Les porteurs des 50 millions de rente dont je viens de parler, ayant Rostchild à leur tête, se hâteront d'en demander la conversion en 3 pour 100 au taux de 75 fr. ; ils éprouveront d'autant moins d'obstacle que l'article de la loi y est formel, et que c'est en leur faveur précisément que la disposition a été conçue. Les voilà donc inscrits pour 40 millions de rente 3 pour 100.

Le mois de juillet 1825 ne sera pas écoulé, que les agioteurs associés auront vendu leurs 40 millions de rente au taux de 90 fr., *s'ils le veulent.*

Ils en vendront au comptant environ 1 million, que la caisse d'amortissement devra acheter au terme de la loi ; elle en aura le moyen. M. de Villèle ayant eu la prévoyante attention de faire suspendre les achats à dater du mois de mars, la caisse d'amortissement aura en réserve environ 30 millions qu'elle tiendra à la disposition de M. Rostchild et compagnie. Quand je dis 30 millions, je n'exagère pas. Cette caisse recevra environ 19 millions à l'échéance du semestre de mars ; si vous y joignez 11 millions qui lui seront dus sur sa dotation depuis le mois de mars jusqu'aux premiers jours de juillet, vous trouverez la somme que j'ai indiquée.

Sur les 40 millions, il y en aura donc 1 million de vendu au comptant dans le mois de juillet, au prix de 90 fr. Les 39 millions restans seront vendus, fin du mois, au moins au même prix.

Voilà donc un bénéfice assuré de 200 millions pour MM. les agioteurs. Vous croirez peut-être qu'ils vont se contenter de ce gain énorme ; non, Monsieur : voici ce qu'ils feront nécessairement. Mais avant d'aller plus loin, je dois vous recommander de ne pas perdre de vue qu'à quelque taux que tombent postérieurement les 3 pour 100, les 200 millions de bénéfice seront irrévocablement assurés.

Vers la fin de juillet ou quelques jours plus tôt, si cela s'accorde mieux avec leurs intérêts, les agioteurs laisseront tomber les 3 pour 100 de 90 fr. à 88 fr., par exemple, et rachèteront à ce dernier prix les 39 millions, ce qui produira un nouveau bénéfice de 26 millions. Cette liquidation terminée, la hausse reviendra, et ces Messieurs revendront, fin août, leurs 3 pour 100 au prix de 90 fr. ou de 91 fr. Le bénéfice augmentera ou diminuera tous les mois suivant la différence entre le prix de vente et celui des achats : on manœuvrera de même avec quelques légères variantes pour masquer la tactique pendant le mois d'août, et ainsi de suite de mois en mois en écoulant toujours au comptant ce que la caisse d'amortissement pourra absorber.

J'oubliois de vous signaler une manœuvre qui se reproduit à l'époque de chaque liquidation. Les agioteurs, au lieu de racheter ce qu'ils ont vendu fin du mois, et de le revendre plus tard, font le rachat et la revente par une opération simultanée. Ainsi, dans l'exemple cité plus haut où les 3 pour

100 seront tombés à 88 fr., ils diront à l'acheteur qui n'aura pas 90,000 fr, pour prendre livraison de 3000 fr. de rente : Nous consentons à vous les racheter au prix de 88 fr., à condition que vous redeviendrez acheteur de ces mêmes rentes au prix de 91,000 fr. fin d'août : voilà ce qu'on appelle en termes de bourse faire des reports. Dans ce cas-là, MM. les agioteurs daignent se contenter de la différence qui leur est payée comptant. Vous voyez cependant que cette manière d'opérer constitue le véritable délit d'usure, puisque le résultat est celui-ci : Vous devriez nous payer 90,000 fr. aujourd'hui ; vous ne les avez pas, nous consentons à vous attendre un mois (fin août) à condition que ce mois, à peine écoulé, vous nous donnerez 91,000 fr. au lieu de 90,000 fr., c'est-à-dire 1 pour 100 d'intérêt pour un mois ou 12 pour 100 par an : c'est ce qui se pratique plusieurs fois dans l'année à la bourse par le ministère même des agens de change qui, par ce fait, deviennent complices du délit. Le gouvernement le sait, et cependant il ne fait rien pour arrêter ce scandale public. On me dira que quelquefois le report se fait au taux de 1 demi pour 100 et au-dessous ; je le sais, mais je sais aussi, et tout le monde sait qu'il s'est opéré, il n'y a pas long-temps, des reports au taux de 1 et demi pour 100 et de 2 pour 100. Voilà, si je ne me trompe, l'agiotage mis en évidence pour tous ceux qui ne voudront pas fermer les yeux à la lumière, ce qui n'empêche pas cepen-

dant les rédacteurs de *l'Etoile* de jeter les hauts cris contre moi. Ils diront que l'aperçu que je viens de donner n'est qu'un rêve, le produit d'une imagination déréglée ; que Rostchild et compagnie ne pourront pas maîtriser le cours des 3 pour 100.

Il faut cependant être juste ; je ne dois pas aggraver les torts des agioteurs. Il ne seroit pas en leur pouvoir de se contenter du bénéfice de 200 millions. En effet, pour réaliser les 1200 millions que produiroient les 3 pour 100 vendus au prix de 90 fr., il faudroit livrer les 39 millions de rente vendus fin du mois ; mais tout le numéraire qui est disponible en Europe suffiroit à peine pour les lever. Il y auroit donc une crise épouvantable sur la place de Paris ; Rostchild et compagnie éprouveroient des banqueroutes énormes, ils seroient peut-être exposés à l'animadversion publique ; ils feront donc des reports, c'est-à-dire ils manœuvreront comme je l'ai expliqué plus haut.

Je leur répondrai tranquillement : Rostchild et compagnie sont les maîtres aujourd'hui du cours de la rente 5 pour 100, il n'est pas un seul habitué de la bourse qui n'en soit parfaitement convaincu ; ils seront bien, à plus forte raison, les maîtres du cours des 3 pour 100, dans le mois de juillet prochain. Par un motif bien simple, dans les 5 pour 100 ils avoient à craindre la concurrence des rentiers. Si Rostchild et compagnie en avoient élevé le cours, par exemple, à 120 fr., plusieurs propriétaires des rentes pouvoient se décider à vendre à ce prix, tandis que les agioteurs peuvent élever, dans le mois de juillet prochain, le cours des 3 pour 100 à 90 fr., à 100 fr. même, sans craindre aucune concurrence, puisqu'ils seront les seuls qui en auront à vendre. Je dis que les agioteurs seront les seuls qui auront des rentes 3 pour 100 à vendre; les établissemens publics qui se trouvent sous la dépendance du ministère, tels que les communes, les hospices, etc., convertiront en 3 pour 100 les rentes 5 pour 100 dont ils sont possesseurs; mais ils n'auront pas la faculté de vendre les nouvelles valeurs. D'après les formalités à remplir, il n'y aura pas, à la fin de juillet prochain, un seul émigré qui soit liquidé, et si, par impossible, il y en avoit qui le fussent, ils ne pourroient être inscrits au grand-livre que pour le cinquième de leurs créances. Ce ne sera qu'au 22 juin 1829, que les émigrés qui auront eu le bonheur de faire liquider leurs créances, pourront vendre la totalité de leur indemnité. Il est vrai qu'un journal ministériel a essayé de prouver aux émigrés que ce retard étoit dans leur intérêt, j'ignore s'il les aura convaincus; mais, en lisant cet étrange plaidoyer, je me rappelai involontairement les paroles d'un exécuteur de la haute justice, qui, quelques instans avant de trancher la tête à certain gentilhomme qui regimboit, lui dit: Ne vous fâchez pas, Monseigneur, demeurez tranquille, c'est pour votre bien que ceci se fait.   C. C. J., *ancien député.*

XIIᵉ. LETTRE.

Paris, 5 février 1825

Monsieur,

L'aperçu que je vous ai donné sur les manœuvres prochaines des agioteurs n'est point une simple conjecture, il est établi sur des antécédens incontestables. Depuis le 1ᵉʳ décembre 1823, Rostchild et compagnie ont été les arbitres du cours des 5 pour 100; cette suprématie leur fut concédée, par M. de Villèle, le 9 août de la même année. Ce fut là une faute grave qui est devenue la source des pertes considérables éprouvées par le trésor public, à cause du prix exorbitant auquel la caisse d'amortissement a été obligée d'opérer ses rachats; en livrant à ces spéculateurs la masse énorme de 23 millions de rente, le ministre les établissoit évidemment les régulateurs du cours : aucune puissance ne pouvoit lutter contre eux. Une compagnie rivale qui auroit osé le tenter, ne pouvoit qu'échouer.

L'annonce du projet de loi sur la réduction de l'intérêt de la dette publique, vint encore doubler les moyens de Rostchild et compagnie. (Des personnes initiées aux mystères de la haute finance, assurent que, le 9 août, ce projet étoit déjà concerté entre MM. Rostchild et de Villèle.)

Tous les spéculateurs qui avoient des capitaux

disponibles, ne doutant nullement du succès du système de M. de Villèle dans les deux Chambres, durent se hâter de les placer sur les 5 pour 100, le bénéfice étoit certain. Ils avoient la perspective réelle du coupon de mars et de septembre, et la certitude, après avoir touché ces deux coupons, d'être remboursés au taux de 100 fr. pour les rentes qu'ils avoient achetées au prix de 90, 91, 92, 93, 94, 95 fr., etc.; il devint donc aisé à Rostchild d'élever les 5 pour 100 au pair et de le dépasser; mais les cours de 103 fr., de 104 fr., décidèrent un grand nombre de rentiers à rentrer dans leurs capitaux. Beaucoup de rentes furent offertes sur la place. Les agioteurs ne pouvoient pas reculer, ils durent les acheter sous peine de voir le prix se détériorer; mais si la rente étoit tombée au-dessous du pair, il falloit renoncer au projet de réduction et aux bénéfices qui devoient en être le résultat. Alors Rostchild, le ban et l'arrière-ban de tous les spéculateurs qui lui étoient associés directement ou indirectement, se mirent en mouvement pour se procurer des fonds. Les circulaires furent multipliées pour stimuler le zèle de MM. les receveurs généraux, et les déterminer à alimenter la forteresse qui pouvoit être réduite à capituler. On emprunta des sommes immenses à la banque de France, sur dépôt de rentes ou de certificats de rentes.

Pendant plusieurs jours, les bureaux du transfert furent encombrés; l'autorité eut beau multiplie les difficultés, beaucoup de rentes furent déclassées; je n'en connois pas la quotité; mais l'opinion commune les a évaluées à 24 millions.

Voilà donc les spéculateurs disposant d'un côté de 24 millions de rente achetés sur la place, et d'un autre côté, de 23 millions adjugés par le traité du 9 août 1823, total, 47 millions. Je le demande à tout homme sensé : quel est le téméraire qui osera lutter contre des athlètes si bien cuirassés, si bien retranchés? Il suit de là que Rostchild, avec ses nombreux auxiliaires, a été maître du cours sur les 5 pour 100, qu'il a pu faire ses ventes fin du mois, et ses rachats au prix qu'il a voulu. J'ai donc pour garant de la conduite qu'il tiendra à l'avenir, celle qu'il a tenue antérieurement, puisque ses moyens et ses intérêts seront les mêmes.

On me dira, sans doute, que depuis le traité du 9 août, Rostchild et compagnie, au moyen des achats de la caisse d'amortissement, ont écoulé environ cinq ou six millions de rente, et que, d'un autre côté, plusieurs de ses associés ont vendu la part qu'ils avoient dans le traité du 9 août.

Je pourrois répondre que ceux qui ont acheté cette part se sont mis à la place du vendeur, et qu'ils ont, par conséquent, le même intérêt; en d'autres termes, que Rostchild et compagnie n'ont fait que changer quelques uns de leurs associés; mais j'ai assez de latitude pour être généreux. J'accorderai donc que depuis le traité du 9 août, la caisse d'a-

'mortissement a acheté à Rostchild et compagnie six millions de rente, et que onze millions de rente ont été achetés au comptant par des capitalistes tout-à-fait étrangers aux intérêts de Rostchild et compagnie : total 17 millions à retrancher des 47 millions que je supposois appartenir aux premiers. Il leur restera donc encore trente millions de rente en inscriptions réelles, qui représentent plus de six cents millions de capital. Voilà, sans doute, un levier déjà bien puissant; mais sa force s'accroît encore toutes les fois que Rostchild le désire. Il dépose à la banque de France des inscriptions de rente, et sur ce dépôt, la banque lui prête les sommes dont il a besoin. Si vous en doutez, jetez un coup-d'œil sur le dernier compte rendu, vous y lirez que la banque a prêté trente-neuf millions sur dépôt de rentes. Ce seroit ici le cas d'examiner cette opération; mais que pourrois-je dire après M. Roy, qui, organe d'une commission dans la Chambre des Députés, prouva jusqu'à l'évidence, qu'elle étoit contraire aux statuts de la banque. Je me contenterai de vous faire remarquer que d'après le dernier compte rendu, cet établissement a sur les 5 pour 100, 44 millions de capital pour les rentes dont il a la propriété. Ajoutez-y les 39 millions prêtés sur dépôt, vous aurez 83 millions, ce qui égale à peu près les capitaux fournis par les actionnaires.

C. C. J., *ancien député.*

XIII° LETTRE.

Paris, ce 8 février 1825.

Monsieur,

Vous ne devez pas être étonné si M. Rostchild et compagnie ont déjà emprunté des sommes considérables à la banque de France, sur dépôt de rentes. Ils ont besoin de se procurer des fonds pour accaparer toutes les rentes 5 pour 100 qu'ils pourront se procurer, afin de les convertir en 3 pour 100. Je vous prie de remarquer que le dépôt des rentes 5 pour 100 n'empêche pas les propriétaires de les convertir en 3 pour 100. Au dépôt des rentes 5 pour 100 ils substitueront plus tard un dépôt de rentes 3 pour 100, et dans la proportion nécessaire, pour ne pas diminuer la garantie de la banque de France.

Pour finir, Monsieur, de porter la conviction dans votre esprit, je vous prie de me permettre de faire une supposition.

Si la ville de Paris avoit en hectolitres de blé un approvisionnement qui excédât, de l'aveu de tout le monde, les besoins de la consommation, et que le prix de l'hectolitre en fût reconnu exorbitant, vous soupçonneriez qu'il doit y avoir des accapareurs de la denrée; mais si dans cet état de choses, un ballon parti des fertiles campagnes de la Gascogne, planoit sur la ville de Paris, et que l'aéronaute descendît à la halle en y débarquant un milliard d'hectolitres de blé contenus dans sa nacelle, vous en concluriez, avec tous les hommes sensés, que cette denrée va subir une baisse considérable : vous vous tromperiez. Le prix s'élèvera encore. La raison en est évidente. Si la baisse avoit lieu, les accapareurs perdroient sur la quantité dont ils sont déjà possesseurs. Etant très-puissans en moyens pécuniaires et en crédit, ils s'arrangeront avec l'aéronaute, de manière que le milliard d'hectolitres qu'il a apportés ne puisse être mis en vente sur la place, que lorsqu'ils auront écoulé leurs approvisionnemens.

Ce que je viens de dire n'est point une fiction, vous en avez vu la réalité de vos propres yeux. Tous les connoisseurs en finances s'accordent à dire que 200 millions de rente excèdent les besoins du public. M. de Villèle lui-même sera forcé de convenir qu'il existe une grande quantité de rentes flottantes, par l'impuissance de les classer. Les nombreux reports qui se font chaque mois le démontrent évidemment. Si du reste il existe une si grande quantité de rentes flottantes, c'est M. le ministre des finances qui en est la cause ; le prix excessif auquel il a élevé les 5 pour 100 est le plus grand obstacle à leur classement.

Cependant, le 3 janvier, M. de Villèle est venu vous proposer d'émettre de nouvelles rentes pour un milliard. Vu l'abondance déjà reconnue des rentes existantes, les esprits superficiels en conclurent que cette annonce produiroit une baisse considérable. Ils raisonnèrent mal, parce qu'ils ignoroient et les moyens et l'intérêt qu'avoient Rostchild et compagnie à élever le prix de la rente. Ces Messieurs se trouvèrent précisément dans la position des accapareurs de blé dont j'ai parlé. Aussi, depuis le 2 janvier dernier, la rente, au lieu de diminuer, s'est élevée de 102 fr. à 104 fr. La puissance des agioteurs est telle que si M. de Villèle, au lieu d'un milliard pour l'indemnité, en avoit proposé deux, le prix de la rente seroit encore plus élevé qu'il ne l'est, attendu que ce milliard de plus auroit accru encore l'aliment de l'agiotage. En deux mots, nous avions déjà trop de rentes, puisque leur capital excède 3 milliards; on propose d'en émettre un milliard de plus, et le prix de la rente s'élève. Ce fait bien médité parle contre l'agiotage plus éloquemment que ne pourroient le faire tous les écrivains et tous les orateurs des deux Chambres.

Des hommes simples et de bonne foi croient que le but principal du ministère est le projet d'indemnité, ils se trompent; l'indemnité est un simple accident dont M. de Villèle s'est habilement emparé, pour assurer l'exécution de son système de réduction.

En examinant attentivement les dispositions des

deux projets de loi, on ne peut s'empêcher de remarquer qu'il étoit impossible, ou du moins bien difficile, d'en concevoir de plus favorables aux intérêts de Rostchild et compagnie. Aussi les habitués de la bourse disent ouvertement que M. de Villèle ou ses amis ne sont pas totalement étrangers à la grande spéculation. Ils parlent de connivence, ce qui constitueroit le crime d'une véritable concussion.

M. de Villèle a un moyen infaillible d'imposer silence aux calomniateurs; quelle belle occasion pour lui d'acquérir de nouveaux droits à l'estime publique! Pour dévoiler les manœuvres scandaleuses mises en pratique à la bourse depuis quinze mois, il n'a qu'à faire créer une commission d'enquête, composée de trois pairs et de trois députés. L'opinion publique ne repudieroit pas certainement pour la Chambre des Communes, MM. Sanlot-Baguenault, Casimir Perrier et Bourdeau; et, pour la Chambre-Haute, MM. Barbé-Marbois, Roy et Daru. Cette commission éclaireroit la religion du Monarque qui, avec les meilleures et les plus pures intentions, est sur le point de laisser la fortune publique devenir la proie des agioteurs. Cette commission constateroit l'existence de la bande noire qui est chargée d'exploiter la bourse; le gouvernement en feroit poursuivre les auteurs, qui sont bien plus coupables que ceux de la bande noire de l'amortissement de l'esprit public, plus coupables que les acteurs de la bande noire, qui a exploité la fourniture de l'armée d'Espagne.

C. C. J., *ancien député.*

XIVe LETTRE.

Paris, 16 février 1825.

Monsieur,

Il me semble déjà entendre les ministériels faire chorus contre moi, et se hâter de m'opposer l'argument qui suit :

Puisque, me diront-ils, la conversion des 5 pour 100 en 3 pour 100 doit être si avantageuse à tous les spéculateurs, les rentiers devront s'empresser d'user de la faculté que leur donnera la loi. Il dépendra d'eux de participer aux bénéfices que vous supposez; ils n'auront qu'à consentir à la conversion.

Ah! MM. les rentiers, gardez-vous de donner dans ce piége, vous ne feriez que grossir les profits de Rostchild, et vous consommeriez votre ruine. Pour vous procurer des bénéfices, il faudroit jouer sur la rente; et, n'ayant pas les mêmes ressources que Rostchild, vous seriez toujours du côté des perdans. Si vous n'ajoutez pas foi à mon assertion, rapportez-vous en du moins aux paroles d'une autorité qui n'est pas à dédaigner ; c'est M. de Villèle, qui a eu l'extrême complaisance de vous donner un avertissement salutaire.

« Peu importe, a-t-il dit, à la foule des spécula-
» teurs que ce soit en hausse ou en baisse qu'ils
» agissent, pourvu que par des mouvemens qui
» attirent le public sur leur terrain, ils puissent y
» jouer avec lui, avec tous les avantages de l'ha-
» bileté contre l'ignorance. » (Page 12 de l'*Exposé
des Motifs.*) Rentiers, je vous le demande, est-ce
vous, dans ce jeu épouvantable, qui seriez les
habiles? Gardez-vous donc de faire la conversion,
dans l'espoir de grossir votre capital. Si, malgré
ce que je viens de dire, quelques rentiers étoient
encore indécis : à celui qui n'a qu'une rente de
500 fr. pour son existence, je lui dirois : si vous
faites la conversion, vous devez, chaque jour, réduire vos alimens d'un cinquième, ou jeûner la
cinquième partie de l'année; tous les sophismes
des journaux ministériels ne peuvent rien contre
l'une ou l'autre de ces conséquences. Quant à l'augmentation qu'ils vous promettent sur le capital,
répondez-leur que vous ne fondez pas vos espé-
rances sur des chimères.

C. C. J., *ancien député.*

XVe LETTRE.

Paris, 25 février 1825.

MONSIEUR,

Quoique ma personne et mes intérêts soient d'une
très-foible importance, vous trouverez bon que je

fasse trêve au sujet qui nous occupe, pour vous entretenir un moment de moi-même. Ce n'est pas sans quelque répugnance que je me permets une telle diversion, et pourtant elle n'y est pas aussi déplacée qu'il paroît. La connoissance des situations aide singulièrement à juger les opinions ; et puisque pour critiquer un écrivain, il suffit quelquefois de lui dire son nom, quiconque aspire à être cru, doit se hâter de le dire lui-même.

Les personnes dont je n'ai pas l'honneur d'être connu m'accuseront peut-être d'avoir publié ma correspondance, en haine de M. de Villèle ; il est de mon honneur, et par conséquent de mon devoir, de les détromper. Je déclare que je n'ai jamais rien demandé ni fait demander, directement ou indirectement, à ce ministre ; il n'a donc pu me rien refuser, je ne soupçonne pas même que Son Excellence ait cherché à me nuire. Il y a plus, si j'avois eu le moindre sujet de me plaindre, je me serois condamné au silence.

J'ai même employé ce que la délicatesse suggère de précautions et d'efforts pour prévenir le tort que cette publication pouvoit lui faire, porté que je suis par mon naturel, à préférer les concessions d'un adversaire à ses défaites.

J'avois fait choix d'un intermédiaire estimé et aimé de M. de Villèle. Je lui avois lu mon manuscrit en l'invitant de le faire parvenir à son illustre ami : j'espérois que la conviction passeroit de mon esprit dans celui du ministre, et que l'auteur de tant de désordres en deviendroit lui-même le réparateur. Je n'eus pas l'art de persuader l'ami de M. de Villèle.

Je vais vous dire actuellement, avec toute sincérité et franchise, les véritables motifs qui m'ont mis la plume à la main, et m'ont pressé, moi foible vieillard, à entrer dans une tumultueuse arène.

J'ai vu un grand fléau menacer l'époque actuelle. Il est également funeste aux peuples et aux rois : au lieu de lui opposer une digue ou un frein, c'est un aiguillon que les gouvernemens emploient. On diroit qu'ils conspirent pour lui faciliter les moyens d'étendre ses ravages. (Voyez les deux projets de loi que j'ai commencé à discuter.) Quel est donc ce fléau? c'est l'usure ou l'agiotage ; donnez-lui le nom qu'il vous plaira.

Je me suis rappelé que le savant, le pieux, le zélé administrateur du diocèse de Lyon (M. l'abbé Depins), que j'avois eu l'honneur de voir plusieurs fois pendant la persécution, me faisoit remarquer que la décadence des Romains datoit précisément de l'époque où l'usure s'étoit introduite chez eux. Cette idée me frappoit plus fortement en observant les mouvemens de la bourse de Paris. Je vis que c'étoit là le véritable foyer du mal.

Vous serez de mon avis, je l'espère, si vous daignez reporter vos regards sur les débats d'un procès récemment jugé à la Cour d'assises de Paris. Vous verrez un agent de change qui, dans l'espace de cinq ans et demi, a perçu en émolumens, sept millions. Réduisez-les à un million par an ; comme ces Messieurs ne perçoivent qu'un pour cent sur les rentes vendues ou achetées, il en résultera que celui-ci a dû opérer par année, sur cent millions de rente, dont le capital s'élève à deux milliards.

Il y a à Paris soixante agens de change : supposez que l'un dans l'autre ils n'aient opéré que pour moitié moins que leur collègue Mussart, vous trouverez trois milliards de rentes vendues ou achetées par année, ce qui suppose un capital de soixante milliards. Ce fait me dispense de toute réflexion.

Je n'ai fait qu'indiquer la source et le siége du mal ; je dois laisser à des plumes plus exercées le soin de le combattre. Que les moralistes surtout mettent la main à l'œuvre ; l'objet est digne de toute leur attention. Je les prierai seulement de remarquer que la Providence, lorsqu'elle veut châtier un peuple, permet que quelque grande erreur s'accrédite ; c'est ainsi qu'au commencement de la révolution s'établit le faux dogme de la souveraineté du peuple, qui a eu de si tristes résultats. Il appartenoit au ministère actuel d'en inventer et d'en accréditer un bien plus dangereux. A la sublime morale du divin Rédempteur des hommes, il a substitué le dogme de la morale des intérêts. Le dogme de la souveraineté du peuple ne tue point la société, parce qu'il ne détruit point les qualités du cœur ; à côté de ce faux dogme, peuvent exister la probité, la justice, l'humanité, etc.; il n'en est pas de même du dogme de la morale des intérêts. Avec celui-ci on destitue les Bourdeau et les Freteau de Peny, parce qu'ils s'avisent d'avoir une conscience; on se décide à dépouiller les rentiers; enfin, avec ce dogme infernal, on fait usage de la morphine, comme Castaing; on escamote les quittances, comme Roumage.

Je croirois avoir fait un grand pas vers le but que je me propose, si mes idées pouvoient éveiller le zèle de Mgr l'archevêque de Paris, de ce vertueux prélat dont l'éloquence nationale et chrétienne n'est jamais tombée sur une erreur ou sur un vice, qu'elle ne l'ait foudroyé.

LOUBÉ, *ancien député.*

AVIS
AUX CHAMBRES,
AUX ÉMIGRÉS, ETC.

PAR COUBÉ (CHARLES-JEAN),
ANCIEN DÉPUTÉ.

DEUXIÈME PARTIE.

PARIS.

LE NORMANT PÈRE, LIBRAIRE,
RUE DE SEINE, N° 8,
ET TOUS LES MARCHANDS DE NOUVEAUTÉS.

1825.

SEIZIÈME LETTRE

D'UN ANCIEN DÉPUTÉ

A UN DÉPUTÉ DE 1825,

ROYALISTE CONSTITUTIONNEL.

Paris, 1er mars 1825.

Monsieur,

Vous avez dû vous apercevoir que jusqu'à ce moment je me suis abstenu de parler du principe de l'indemnité. Député à l'Assemblée Législative, j'ai été à même d'examiner et de connoître les causes et les effets de l'émigration ; aussi bien que tout autre, je serois en droit d'émettre mon opinion sur cette question importante, je pourrois du moins espérer de me faire écouter aussi favorablement que tel de mes anciens collègues qui, du haut de la tribune, se permet de trancher les difficultés avec une ostentation que tous ses antécédens ne justifient pas. Tandis qu'il s'amusoit à rédiger des adresses contre les émigrés, et à venir entretenir l'Assemblée de l'étiquette qu'il avoit suivie vis-à-vis du meilleur des Rois et du plus vertueux des hommes, en s'applaudissant de ne s'être incliné que le second, je publiois et faisois distribuer à tous mes collègues et à toutes les administrations de district et de département, une protestation contre les décrets qui nous étoient arrachés par la faction dominante. Dans cette pièce, presque oubliée aujourd'hui, mais que l'histoire recueillera peut-être, je me prononçois énergiquement, avec cinq de mes collègues, contre le décret qui mettoit sous le séquestre les biens des émigrés. C'est ce qui détermina l'un des principaux coryphées de l'anarchie à proposer à la tribune le décret d'accusation contre moi; et, le 13 juillet, je n'en proposai pas moins à l'Assemblée la seule mesure qui me parût propre à soustraire aux poignards des assassins le Roi et son auguste famille, sans me laisser intimider par quarante mille brigands armés de piques, et dont les vociférations *Vive Pétion! à bas M. Veto!* retentissoient dans toutes les parties de la salle. (Voir le n° 29 du *Mercure de France*, par Mallet du Pan, pages 196 et 197.) Je me tairai cependant sur l'indemnité. Des motifs de délicatesse que vous approuveriez, j'en suis sûr, si je vous les faisois connoître, m'imposent un silence absolu sur cette grave question; mais si le principe est une fois consacré, rien n'empêche que je ne discute avec toute liberté les moyens d'exécution. Je dois vous prévenir seulement que lorsque je proposerai telle somme à accorder aux émigrés, ce ne sera que par pure supposition et pour faciliter l'intelligence de mes raisonnemens.

Je conviendrai avec MM. de Martignac et Pardessus, que pour trouver la véritable valeur des biens vendus, les difficultés se présentent en foule ; mais je suis loin de penser que le problème soit insoluble. Il ne nous paroît si difficile à résoudre que par les obstacles artificiels dont l'a hérissé le ministre des finances. Sans avoir la prétention de faire prédominer mes idées, je vais vous les communiquer ; lors même qu'elles ne donneroient pas une solution parfaite, elles pourroient mettre sur la véritable voie. L'esprit de l'homme est si borné, que ce n'est souvent que par des erreurs qu'il parvient à la découverte de la vérité : ce qui me fait attacher quelque prix à mon projet, c'est que, les agioteurs exceptés, le résultat en seroit certainement avantageux à tout le monde.

Je vais vous exposer succinctement mon système, sauf à le mieux développer, s'il vous paroissoit digne de quelque attention ; mais auparavant je dois vous prévenir qu'il ne m'a pas coûté un grand effort d'imagination. Convaincu depuis longtemps que toutes les conceptions de M. de Villèle sont plus ou moins nuisibles, j'en ai conclu que les conceptions contraires ne pouvoient qu'être plus ou moins utiles. Puisque M. de Villèle, me suis-je dit, opère très-mal en diminuant le revenu pour augmenter le capital, j'opérerai très-bien en diminuant le capital pour augmenter le revenu. Je propose donc de fixer l'indemnité à 600 millions au lieu d'un milliard, et de donner aux émigrés 5 pour 100 au lieu de 3 pour 100. Je les inscris au grand-livre de la dette publique pour 30 millions de rente 5 pour 100, avec jouissance du semestre qui commencera le 22 mars prochain ; cette somme sera répartie à tous les intéressés à raison du capital des pertes éprouvées par chacun. Comment connoître ces pertes ? *hoc opus, hic labor est.* Nous avons déjà une donnée bien précieuse, ce sont les ventes faites postérieurement au 12 prairial de l'an III. Il paroît certain qu'aucun des émigrés dont les biens ont été vendus postérieurement à cette époque, ne s'est récrié sur la base proposée pour cette catégorie. Quoique le produit de vingt fois le revenu me paroisse donner un capital exagéré, je l'adopte volontiers, attendu que cette exagération ne produira pas un centime de différence dans la répartition.

Nous voilà donc fixés sur la valeur des biens vendus postérieurement au 12 prairial de l'an III. Quatre-vingt-un mille quatre cent cinquante ventes représentent un capital de 672,407,613 fr. 80 cent. Il nous reste à connoître la valeur des biens vendus antérieurement à cette époque. Qui a intérêt à élever le prix de ces biens-là ? ce sont certainement les émigrés qui se trouvent dans cette catégorie : qui a intérêt à restreindre ce prix ? ce sont les émigrés qui se trouvent dans l'autre catégorie, puisque l'augmentation tourneroit évidemment à leur préjudice.

Ce point convenu, je forme un jury d'équité dans chaque arrondissement de sous-préfecture : il sera composé de quatre personnes choisies ; savoir, deux par les émigrés dont les biens ont été vendus antérieurement au 12 prairial de l'an III, et les deux autres par les émigrés dont les biens ont été vendus postérieurement.

Je vous prie de remarquer que ce jury d'équité n'aura à examiner que les biens dont la vente a été opérée antérieurement au 12 prairial de l'an III, pour connoître le revenu que donnoient ces biens en 1790. Ce revenu une fois connu, en le multipliant par 20, la valeur de l'immeuble se trouvera fixée. Pour connoître le revenu de 1790, les membres du jury auront les baux à ferme, et à défaut, l'estimation par experts, les rôles des contributions, la voie des enquêtes ; LES BIENS VENDUS DANS L'AUTRE CATÉGORIE, pour objet de comparaison, et tous les moyens que leur sagacité pourra leur suggérer. La majorité du jury fixera irrévocablement la valeur de l'immeuble ; en cas de partage, la Cour royale prononcera sur l'état sommaire des pièces. Le jury devra bien se pénétrer de l'idée que ses évaluations ne pourront augmenter ni diminuer d'un centime la somme allouée par la loi, et que s'il commettoit des erreurs, ce seroit puiser dans la poche de l'un pour mettre dans la poche de l'autre; d'ailleurs une exagération ou diminution de quelques mille francs, influant peu sur la répartition de tout le royaume, ne tourneroit que foiblement au profit de celui qu'il voudroit protéger.

Comme aucun émigré ne pourra toucher les rentes qui lui reviennent qu'après l'opération terminée dans tous les départemens, ces rentes seront versées, à l'échéance de chaque semestre, à la Banque de France qui, moyennant une commission modérée, se chargera de les recevoir et de les capitaliser, en les employant à l'achat de nouvelles rentes au profit des émigrés : c'est une lacune dans le projet ministériel très-préjudiciable aux indemnisés. Il n'a pas plu à M. de Villèle de nous dire ce qu'il entendoit faire des fonds qui resteroient sans emploi au trésor public. Sur 6 millions qui appartiendront aux émigrés le 22 juin 1826, il n'y aura que 1 million 200,000 francs qui puissent être payés (voir les articles 5 et 6 de la loi), en supposant même, ce qui est invraisemblable, que la liquidation se soit élevée à 200 millions ; il restera donc 4 millions 800,000 fr. dans les coffres du Trésor.

La seconde année, la somme non employée s'accroîtra encore ; elle sera de 8 millions 400,000 fr., en supposant même que 200 millions aient pu être encore liquidés la seconde année. Je tiens pour constant, qu'en 1830, sur les 90 millions qui, dans le projet ministériel, devroient revenir aux indemnisés pour les intérêts, ils n'en auront pas touché trente. Si on s'élevoit contre cette assertion, je ne serois pas en peine de la justifier. Il restera donc dans les coffres du Trésor 60 millions non employés, et qui ne produiront pas un centime de revenu aux indemnisés ; mais ce n'est pas tout. A l'époque où la liquidation sera terminée, les indemnisés sont-ils sûrs de retrouver ce qui leur revient à la trésorerie ? Qui oséroit le leur garantir ? Combien d'événemens peuvent avoir lieu dans l'intervalle ! Qu'une guerre vienne à éclater, ces Messieurs peuvent-ils se flatter que leurs fonds seront plus respectés que ne le furent, à une autre époque, les cautionnemens des receveurs-généraux ? les 60 millions destinés à payer les réquisitions pour les armées ? Cette somme que le baron Louis avoit eu l'imprudence de centraliser à Paris, à l'époque du 20 mars, devint la proie du revenant de l'île d'Elbe.

Vous avez sans doute déjà apprécié le bon effet que produiroient les versemens à la Banque de France ; c'est un auxiliaire que je donne à la caisse d'amortissement. Trente millions, ajoutés par année à ce puissant levier, donneroient une garantie assurée aux indemnisés qu'à l'époque où les inscriptions leur seroient délivrées, ils pourroient les réaliser au moins au pair s'ils vouloient les aliéner. Cet avantage me frappe tellement, que je prends la liberté de vous inviter à en faire le sujet d'un article additionnel. Demandez que les 6 millions 3 pour 100, accordés par année dans le projet de loi, soient versés à la Banque de France, qui les emploiera comme je l'ai dit plus haut. Vous serez sans doute vivement appuyé par M. de Villèle, qui saisira avec empressement l'occasion de prouver aux émigrés qu'il s'occupe sérieusement de leurs intérêts, et que ce ne sont pas des illusions qu'il leur promet.

Si l'on créoit 30 millions de rente 5 pour 100 au profit des émigrés, et si, à l'échéance de chaque semestre, on faisoit verser à la Banque de France les fonds restés sans emploi, on pourroit sans danger annuler dès aujourd'hui une forte quotité des rentes acquises par l'amortissement. Il est urgent d'exécuter l'article 109 de la loi du 28 avril 1816, ainsi conçu : « Lesdites rentes seront annulées aux » époques et pour la quotité qui seront déterminées » par une loi. » Si on annuloit, par exemple, 25 millions de rente que paieroient de moins annuellement les contribuables, doutez-vous que ces sommes ne fussent à coup sûr placées plus productivement en restant disponibles dans leurs mains que dans les caisses de l'amortissement, qui, sans transgresser la loi, ne peut se dispenser de les faire tourner exclusivement au profit des agioteurs ?

Je reviens à mon jury d'équité, pour vous faire bien remarquer que la seule opération qu'il ait à faire c'est de fixer la valeur de tel immeuble ; il n'a nullement à s'occuper des créanciers non payés des émigrés. Ces créanciers ne peuvent mettre aucun obstacle à la répartition ; ils auront la voie de l'opposition contre la délivrance des inscriptions. Le jury ne sera nullement arrêté aussi par les difficultés qui peuvent s'élever entre les successeurs des émigrés ; il évaluera l'immeuble de l'émigré décédé ; c'est tout ce qu'il faut connoître pour opérer la répartition. Les parties se débattront devant les tribunaux comme elles voudront ; mais les procès se termineront bien vite ; les ayans-cause étant assurés que les rentes sont déposées à la Banque de France se hâteront de transiger pour les aller réclamer.

Ce que je viens de dire s'applique également aux discussions qui peuvent s'élever entre les émigrés et leurs créanciers ; ils auront les uns et les autres le même intérêt à terminer le procès pour rentrer dans leurs capitaux s'ils veulent les réaliser, ou pour entrer en jouissance des intérêts s'ils veulent rester possesseurs de rentes.

Je m'abuse peut-être ; mais il me semble que, par mon système, la répartition peut être opérée dans moins d'un an, et toutes les difficultés terminées avant trois ans, tandis qu'il est fort douteux que, par le projet ministériel, elles puissent l'être dans vingt ans.

Mais il est une autre considération majeure qui devroit frapper certainement un ministère jaloux de mettre le gouvernement du Roi à l'abri des plaintes qui ne peuvent manquer d'avoir lieu. Les émigrés qui se trouveront lésés par le système ministériel, et certainement ils seront en grand nombre, jetteront les hauts cris contre le mode de répartition, et plus encore contre les commissaires nommés par le Roi. Dans mon projet, au contraire, s'il y avoit quelque inégalité, les émigrés devroient se l'imputer : ce sont eux qui ont nommé les membres du jury ; ils étoient sur les lieux ; ils avoient le droit et la faculté de lui soumettre tous les documens propres à éclairer sa justice, etc. Il me semble que le travail concernant la répartition générale devient si simple et d'une exécution si facile dans mon système, que je ne crains pas d'affirmer qu'il peut être terminé avant la fin de la prochaine session des Chambres.

Coubé, *ancien député.*

XVIIe LETTRE DU MÊME AU MÊME.

Paris, 15 mars 1825.

Monsieur,

Vous ne devez pas perdre de vue que dans le système ministériel, deux opérations sont indispensables. Après une première répartition, il faudra nécessairement procéder à une seconde pour réparer les vices de la première : je vous prouverai, quelques lignes plus bas, qu'il y aura impossibilité de faire droit aux réclamations qui doivent infailliblement s'élever, quelque bonnes intentions, quelques lumières que vous supposiez aux commissaires nommés par le Roi.

Ainsi que je vous l'ai déjà dit, le nombre des ventes opérées postérieurement au 12 prairial de l'an III, ne s'élève qu'à 81,455, tandis que celui des ventes opérées antérieurement, se porte à 370,617, c'est-à-dire que pour chaque vente faite postérieurement au 12 prairial de l'an III, il y en a plus de quatre opérées antérieurement. Il est de fait que les émigrés placés dans cette catégorie jetteront déjà les hauts cris contre la base indiquée.

N'avons-nous pas vu M. le chevalier Rigaud, dans une pétition à la Chambre des Députés, établir d'une manière incontestable, que son bien qui valoit en 1790 plus de 350,000 fr. (il invoque à cet égard le témoignage de M. de Villèle), ne produiroit en indemnité, d'après le mode ministériel, que 50000 fr., ce qui réduiroit son indemnité au septième de la perte éprouvée. Cette injustice le révoltoit tellement, que dans son indignation il proposoit de rédiger le projet de loi en ces termes :
« *Il sera accordé aux émigrés et à titre d'aumône,*
» pendant cinq années consécutives, 4 pour 100
» de la valeur réelle de leurs biens vendus ; le pre-
» mier paiement sera effectué au 1ᵉʳ juin prochain.»

« Supposez que l'erreur dont se plaint M. Rigaud, et qui constate à son préjudice une perte réelle de six septièmes sur les biens vendus, soit moindre pour tous les émigrés de la même catégorie. Réduisez-la à la moitié de leur perte, il en résultera que le tableau de dépréciation de l'échelle des départemens, qui, selon M. de Martignac, représente une masse de 600 millions en pertes éprouvées, n'exprimera que la moitié de la valeur des biens vendus antérieurement au 12 prairial de l'an III, puisque la valeur réelle de 1790 devoit être de 1200 millions. Quelle ressource restera à la commission royale pour réparer cette injustice ? par l'amendement de M. de Lastours, adopté par la Chambre, la commission n'aura à disposer que d'une somme de 67 millions pour apaiser des réclamans qui lui démontreront une erreur de 600 millions à leur préjudice. Il faut bien remarquer qu'elle ne peut plus retrancher ce qu'elle a donné de trop aux émigrés de l'autre catégorie. Dans le projet ministériel, les sommes allouées à ceux-ci leur sont définitivement acquises. Dans mon système, au contraire, les émigrés des deux catégories recevront une somme d'indemnité proportionnée à la valeur réelle des biens dont ils ont été dépossédés. Que M. de Villèle n'argumente pas du délai qu'entraîneroient les opérations de mon jury d'équité. Il n'aura qu'à constater la valeur des immeubles vendus antérieurement au 12 prairial de l'an III; quant aux biens vendus postérieurement, le jury, pouvant avoir sous les yeux les procès-verbaux d'adjudication qui constatent le revenu-valeur de 1790, n'aura qu'une simple multiplication à faire, ce qui peut être confié à un commis. Je prie Son Excellence de remarquer que pour répartir d'une manière équitable les deux vingtièmes mis en réserve, elle sera obligée plus tard de créer une espèce de jury plus ou moins analogue au mien, avec cette différence que le mien préviendroit aujourd'hui toutes les injustices et que le sien sera dans l'impossibilité de les réparer, ou du moins il ne le pourra que partiellement et d'une manière très-imparfaite.

Je ne dois pas vous laisser ignorer qu'ayant communiqué à quelques chauds partisans de l'indemnité le projet dont je vous ai entretenu dans ma dernière lettre, ils l'ont improuvé sur un point essentiel. Je n'ai pu les convaincre que les 30 millions de rente, 5 pour 100, représentant un capital de 600 millions, valoient au moins le million idéal que leur laisse entrevoir M. de Villèle. Toute ma dialectique ayant échoué vis-à-vis de ces messieurs, je les ai ajournés à deux ou trois ans, en les prévenant que je prenois acte de leur obstination. L'avenir jugera entre eux et moi. L'expérience est un grand maître; je désire que, dans le cas dont il s'agit, ils ne reconnoissent point que quelquefois on paie bien cher ces leçons.

Les émigrés ont été induits en erreur par une maxime qui, généralement vraie, devient une erreur dans des cas particuliers. Sans doute, 5 fr. de rente en 3 pour 100 valent mieux que 5 fr. de rente en 5 pour 100, puisque, en cas de remboursement, on reçoit, dans le premier cas, 166 fr. 66 cent. deux tiers; tandis que, dans le second cas, on ne reçoit que 100 fr. Et ce fut probablement par cette raison qu'à une certaine époque les capitalistes anglais préférèrent des 3 pour 100 aux 5 pour 100 que leur proposoit le ministre Pitt; mais il faut que les indemnisés se pénètrent bien de la différence qui se trouve entre leur position et celle des banquiers anglais. Ceux-ci craignoient le remboursement, et les émigrés doivent le désirer. Trente millions de rente, 5 pour 100, pourroient être vendus dans moins de deux ans par les émigrés, et le capital réalisé au pair, et peut-être au-dessus, tandis que je ne crains pas d'affirmer qu'il s'écoulera plus d'un demi-siècle avant qu'ils aient pu réaliser 600 millions de capital avec les 30 millions 3 pour 100 de M. de Villèle.

Les indemnisés doivent bien faire attention que, dans le cas où le système ministériel seroit adopté, les agioteurs, avant la fin de l'année 1825, auront écoulé leurs 5 pour 100 convertis, et qu'au commencement de 1826 les émigrés seront à peu près les seuls qui posséderont des 3 pour 100, déjà si dépréciés qu'il est douteux s'ils pourront vendre 3 fr.

de rente au cours de 60 fr. (Voir les pages 36 et 37 de ma première brochure.) Il est une autre considération qui n'auroit pas dû échapper à leur sagacité. Dans mon projet, les 30 millions de rente seroient fondus dans plus de 100 millions de rente 5 pour 100 appartenant au public, et feroient cause commune. M. de Villèle avoit senti lui-même la nécessité de cette fusion pour effacer la différence d'origine. Voilà cependant que le résultat de son système tend évidemment à isoler les 3 pour 100 des émigrés ; l'unique ressource de l'émigration dans le piége où la cauteleuse éloquence d'un ministre a su l'entraîner, c'est le plus grand acte de courage, l'abnégation de l'amour-propre. Que les émigrés députés disent aux émigrés pairs de France : Sauvez-nous de nous-mêmes. Cet appel ne peut qu'être entendu.

XVIIIe LETTRE DU MÊME AU MÊME.

Paris, 20 mars 1825.

MONSIEUR,

C'est avec la plus vive satisfaction que j'ai vu votre honorable collègue, le spirituel M. Casimir Périer, prévoyant que des sommes considérables appartenant aux indemnisés resteroient improductives dans les coffres du Trésor, proposa à la Chambre de les faire verser à la caisse des dépôts et consignations. Voilà que M. le ministre des finances se précipite à la tribune, et se disant très-initié dans la science du gouvernement représentatif, prenant même le ton de professeur (*risum teneatis, amici*), se contente de dire que lorsque le budget porte, par exemple, 197 millions pour la dette publique, si cette somme n'a pas été employée en entier, la loi sur les comptes indique ce qui a été réellement payé, et que la Chambre connoît la quotité restée en caisse. Croyant avoir dit quelque chose, Son Excellence revient à sa place parfaitement satisfaite de son improvisation.

L'argument de votre collègue étoit cependant bien simple; il se réduisoit à ceci : A compter du 22 juin 1825 jusqu'au 22 juin 1829, il y aura 90 millions portés dans les divers budgets pour payer les intérêts des indemnisés, la majeure partie de cette somme n'aura pu être employée, ces fonds resteront improductifs dans votre caisse; tel événement peut survenir qui vous forcera à les employer à tout autre destination. Que devoit répondre M. de Villèle? Il devoit prouver, ce qui à la vérité n'étoit pas facile, qu'il ne resteroit pas de fonds sans emploi; mais que, s'il en restoit, ce seroit un dépôt sacré appartenant au malheur, et que personne n'oseroit y toucher. Au lieu de cela, qu'a-t-il dit? Dans la loi des comptes je viendrai vous dire les sommes qui ont été payées aux indeminsés ; vous apprendrez alors la quotité des fonds qui doivent rester dans ma caisse. En d'autres termes cela veut dire : M. Casimir Périer a raison.

Le lendemain le même orateur a porté un argument bien plus pressant, et dont l'effet s'effacera bien difficilement. L'impression qu'il a faite sur les esprits est d'autant plus puissante que M. de Villèle, avec ses aveux et ses explications, lui a donné un poids immense. Il n'est pas inutile de remettre sous vos yeux l'objection ; la voici :

Le 5 janvier dernier, disoit M. Casimir Périer, la caisse des dépôts et consignations a acheté clandestinement à certain capitaliste huit cent mille francs de rente, achat qui peut devenir très-onéreux aux intérêts de la caisse, et qui est d'ailleurs une violation manifeste de ses statuts. Qu'a répondu M. de Villèle ? La caisse de dépôts et consignations étoit encombrée de capitaux, etc. ; en un mot il n'a pas contredit le fait matériel. Aussi le public a dit comme M. Bourdeau : *habemus confitentem reum;* mais pourquoi M. Casimir Périer alloit-il dévoiler un fait aussi délicat ? je le blâme hardiment ; quand on attaque quelqu'un relativement à la conduite qu'il a tenue dans telle ou telle circonstance, la justice veut qu'on lui tienne compte de la position où il se trouvoit. Or, si M. Casimir Périer avoit eu un peu de mémoire, il se seroit rappelé que c'étoit le 3 janvier que M. de Villèle avoit présenté ses deux fameux projets de loi si mal accueillis par l'opinion publique. Si le prétendu capitaliste, au lieu de vendre ses rentes à la caisse des dépôts et consignations, au lieu d'emprunter sur dépôt des rentes à d'autres caisses, eût été obligé de vendre au comptant ses rentes à la Bourse, le taux en seroit tombé au-lessous du pair, et remarquez bien que c'étoit précisément à l'époque de la liquidation du mois de décembre. Que seroient devenus alors ses projets de loi ? Que seroit devenu M. de Villèle lui-même ? Il auroit fallu se séparer du cher portefeuille, et le public, se souvenant que M. de Villèle, maire de Toulouse, avoit merveilleusement administré la voirie de son pays, auroit répété ce fameux adage : *Tel brille au second rang qui s'éclipse au premier.* Il ne faut donc pas s'étonner si Son Excellence a mis en usage tous les moyens dont elle pouvoit disposer pour ajourner la catastrophe.

Il est encore une autre considération : si le capitaliste bien aimé dont il est question eût été forcé de vendre 2 ou 3 millions de rentes au commencement de janvier à un prix médiocre, il auroit non seulement éprouvé une perte considérable, mais il auroit décrédité celles dont il restoit possesseur, de telle manière qu'il pouvoit être réduit à les donner plus tard au cours de 95 fr. Je trouve donc très-naturel qu'on ait été secouer les coffres de toutes les administrations financières pour en extraire jusqu'au dernier écu, et le donner à la compagnie privilégiée.

XIX.ᵉ LETTRE DU MÊME AU MÊME.

Paris, 22 mars 1825.

Monsieur,

Vous avez admiré comme moi le discernement de M. de Villèle dans le choix de celui qui devoit être son principal organe dans la discussion du projet d'indemnité. Quoique la Chambre renferme dans son sein plusieurs hommes supérieurs, il eût été difficile, sous beaucoup de rapports, d'en trouver un plus habile que M. de Martignac. Sa tâche étoit difficile, et s'il a échoué, ce n'est pas son talent qu'il faut accuser, mais bien la nature du sujet qu'il avoit à soutenir. Comment concilier ce qui étoit inconciliable en suivant le plan ministériel. Aussi on est tout étonné de voir les dispositions du projet de loi heurter dans chaque article les principes proclamés dans l'exposé des motifs. Je vais vous indiquer celles des contradictions qui m'ont le plus frappé. C'est sur des charbons ardens que je vais marcher; je dois y passer avec rapidité.

M. le commissaire du Roi nous avoit pompeusement annoncé que la mesure proposée affermiroit, consolideroit l'union et la paix ; je m'en rapporte à lui pour décider si, par les articles adoptés, ce but désirable est atteint ; qu'il nous dise franchement si à la maxime admirable *union et oubli*, dont tout le monde bénissoit les heureux effets, le projet n'a pas substitué la sentence fatale : *haine et représailles*.

On a établi en principe que les émigrés avoient été injustement dépouillés de leurs propriétés. L'article 9 de la Charte, s'opposant à la restitution qui ne pouvoit s'opérer que par le dépouillement des possesseurs actuels, on devoit donc aux anciens propriétaires une juste, préalable et équivalente indemnité. Si la perte éprouvée s'élève à un milliard, c'est un milliard qu'il faut payer. Mais dans ce moment vous n'avez pas ce milliard ; vous en devez donc l'intérêt légal jusqu'au moment où vous pourrez vous libérer. Ce n'est pas 3 pour 100 que vous devez payer annuellement, mais 5 pour 100. Si M. de Martignac possédoit un fonds territorial, et qu'il fût obligé de le céder à l'Etat pour y fonder un établissement d'utilité publique, on procéderoit à l'estimation. Supposez que la valeur en fût portée à 100,000 fr., et que l'Etat, ne pouvant les payer, lui proposât 3000 fr. de rente, sous prétexte que la propriété ne produisoit que 3 pour cent, croyez-vous que M. de Martignac s'en contenteroit ? Non, sans doute, et, sans un grand effort d'esprit, il trouveroit cent raisons pour démontrer l'injustice de la proposition. Comment se fait-il donc que

M. le commissaire du Roi ait consenti à ne donner aux émigrés que 3 pour 100 d'intérêt ? Ressembleroit-il à ce curé de village à qui un pénitent faisoit l'aveu d'avoir volé quelques mauvaises laitues ? Le pasteur, attendu le peu de valeur de l'objet volé et l'extrême misère du paroissien, passoit assez légèrement sur ce cas de conscience ; mais celui-ci eut la bonne foi d'avouer que c'étoit dans le jardin de M. le curé qu'il avoit pris les laitues. Alors le cas devint très-grave : « Mon ami, lui dit-il, il y a lai-
» tues et laitues. »

Un membre de la Chambre a fait une objection qui mérite d'être remarquée. Je vais la remettre sous vos yeux : « Vous donnez les 3 pour 100, va-
» leur nominale dans la loi d'indemnité, et dans la
» seconde loi vous les donnez à 75 fr. ; pourquoi
» ne les donnez-vous pas aussi à 75 fr. aux émigrés ?
» On ne voit pas les motifs de cette inégalité. »
Voici ce qu'a répondu M. de Villèle :

« On a oublié que si nous donnons aux porteurs
» des rentes les 3 pour 100 à 75 fr., ce n'est pas un
» don gratuit, c'est qu'ils nous donnent autre chose
» en retour, c'est qu'ils font l'abandon d'un cin-
» quième sur leur revenu. » Son Excellence croyant avoir pulvérisé l'objection, éprouvoit plus de satisfaction que n'en éprouva jadis Archimède au moment qu'il eut trouvé le carré de l'hypothénuse. Cependant la joie de M. le président du conseil eût été de courte durée, si l'auteur de l'objection avoit

daigné répliquer que les émigrés ayant droit à 5o millions de revenu et se contentant de 3o millions, faisoient l'abandon de deux cinquièmes, tandis que les porteurs des 5 pour 100 ne faisoient le sacrifice que d'un cinquième.

On peut faire un reproche bien grave au projet de loi, c'est celui d'être en opposition manifeste avec le but moral que se proposoient les principaux partisans de l'indemnité. Il falloit, disoient-ils, donner une grande leçon au monde, apprendre aux peuples qui pourroient commencer ou recommencer des révolutions, qu'on ne viole pas impunément les propriétés foncières. Eh bien! si la Providence dans sa colère permettoit que la révolution recommençât en France et qu'il y eût de nouvelles confiscations, dans le cas où je serois assez malheureux pour adopter le dogme de la morale des intérêts, je me hâterois bien vite d'acheter des biens confisqués. Je m'appuierois sur le projet de loi d'indemnité : *qui tenet teneat, possessio valet.*

Il me semble qu'on n'a pas bien combattu le premier paragraphe de l'art. 5. Les anciens propriétaires rentrés dans les biens confisqués sur leurs têtes en les acquérant de l'Etat, ne devroient avoir dans mon opinion, aucun droit à l'indemnité. Le principe général et judicieux, mis en avant par M. de Martignac, ne peut pas leur être appliqué. Dans la distinction qu'il a faite entre la propriété immobilière et la propriété mobilière, il nous a dit:

celle-ci ne laisse pas des trace, au lieu que l'autre subsiste toujours. Il est de fait que les meubles n'ayant pas de suite par hypothèque, ce n'est que des immeubles qu'on peut dire avec toute vérité, même après des siècles, *res clamat domino* Mais dans l'hypothèse, l'immeuble se trouve dans les mains du seul et véritable propriétaire ; ce qu'il a payé pour empêcher qu'il ne passât à des tiers acquéreurs, ne peut être considéré que comme une espèce d'emprunt forcé ou d'une réquisition, si à la mode dans ces temps désastreux.

Je suis d'autant plus prononcé sur cette question, que je m'appuie sur une grande considération morale. Rien n'a été si fatal que le mauvais exemple dans la révolution. J'ai eu la douleur de voir plusieurs personnes, très-estimables d'ailleurs, adopter le vieux adage : *Il faut hurler avec les loups pour éviter d'en être dévoré;* je les ai vues, séduites par l'idée d'éviter de plus grands maux, accepter des fonctions publiques pour empêcher les scélérats de s'en emparer. Elles aimoient à se persuader que dans leur nouvelle position elles pourroient protéger ceux qui étoient persécutés, sans faire attention que leur démarche entraînoit des populations entières dans la voie de la perdition. En un mot, si tous les gens de bien s'étoient abstenus de prendre part aux affaires publiques quand le crime dominoit, les méchans eussent été abandonnés par la masse du peuple, et leur règne auroit bientôt cessé.

Si les ascendans des émigrés ne s'étoient pas portés acquéreurs des biens confisqués, beaucoup d'émigrés à leur rentrée auroient trouvé leurs biens invendus. En général le peuple n'avoit pas une foi aveugle à la solidité de ces ventes; mais quand il vit les proches parens des émigrés devenir acquéreurs, il dit : tout est consommé, et n'hésita plus à prendre part aux adjudications.

Plus j'examine le projet de loi tel qu'il a été adopté par la Chambre des Députés, plus je me confirme dans l'opinion qu'il ranime toutes les haines, réveille toutes les inquiétudes, et réorganise tous les partis; je crains qu'il ne nous prépare de longs jours de deuil, et qu'il ne perpétue une révolution qui, à la satisfaction de tout le monde, paroissoit terminée. Je cherche en vain des approbateurs au système adopté, je n'en trouve aucun. Les ministériels eux-mêmes peuvent à peine déguiser leur mécontentement. Il eût été difficile en effet, pour ne pas dire impossible, d'imaginer un projet plus hostile contre l'émigration. Vous le savez mieux que moi, Monsieur; quelques intérêts redoutoient les émigrés, ce sont aujourd'hui tous les intérêts qui les redoutent, et, de quelques défiances partielles, la politique de M. de Villèle en a fait une ligue générale. Je m'arrête pour n'en pas trop dire. Le danger est grand, plus grand qu'on ne pense, et dans le besoin que j'éprouve de m'en cacher à moi-même toute l'énormité, je me résigne d'avance à condamner ma propre raison, si le projet résiste à la seconde épreuve qui l'attend.

XX.ᵉ LETTRE DU MÊME AU MÊME.

Paris, 24 mars 1825.

Monsieur,

L'emprunt de 1823, livré aux étrangers, a appelé leur attention particulière sur nos fonds publics : 23 millions de rente leur ont été vendus à long terme.

Ces 23 millions de rente n'ont été pris par des *banquiers*, qui ne sont point *rentiers*, que par spéculation, et pour être revendus avec bénéfice.

La paix générale, un nom fameux parmi les Juifs, la protection du ministre, tous les fonds disponibles de l'Europe qui étoient venus à Paris pour prendre part à cette opération spéciale, et dont une foible partie a été employée aux premiers paiemens de l'emprunt, ont donné à la rente une forte impulsion : elle a monté; mais s'il avoit fallu liquider pour réaliser les bénéfices que cette hausse présentoit, il est évident qu'une hausse de 5 à 6 pour 100 n'auroit point suffi, et que, par le retrait des fonds étrangers dont l'affluence avoit amené la hausse, et par la vente des 23 millions de l'emprunt, la baisse eût ramené la rente au-dessous du prix auquel l'emprunt avoit été fait.

Il a donc fallu arriver à une hausse plus considérable. A défaut de moyens pécuniaires, on a mis en avant l'idée du remboursement, et les journaux ministériels ont été chargés de la répandre. Le résultat étoit certain. Comme on ne pouvoit songer à rembourser la rente à 100 fr. que lorsqu'elle seroit arrivée à ce prix, et même lorsqu'elle l'auroit dépassé, le rentier a gardé sa rente malgré son élévation, les spéculateurs ont acheté, et les banquiers ont encore secondé le mouvement.

La rente est donc arrivée au pair, et elle l'a dépassé; mais ce n'étoit point assez. La position restoit la même, ou plutôt devenoit plus difficile pour les banquiers; ils ont bien senti que du moment où ils songeroient à réaliser les bénéfices que le prix de 100 fr. et même le prix supérieur sembloit leur promettre, c'est-à-dire que du moment où ils vendroient, la baisse se prononceroit, et peut-être même avec plus d'activité que la hausse, parce que beaucoup de rentiers s'empresseroient de vendre leurs rentes de portefeuille, pour les reprendre ensuite à un prix plus bas; et ils ont compris qu'il n'y avoit plus pour eux espoir de sortir avec bénéfice de leur opération, s'ils tentoient de la défaire comme ils l'avoient faite, c'est-à-dire en revendant tout simplement ce qu'ils avoient acheté.

Dès lors, le remboursement mis en avant comme moyen de hausse, le remboursement, opération gigantesque et hors de toute puissance, est devenu pour eux une nécessité, et ils ont obtenu du ministre que la proposition en seroit faite.

Ce qu'il y a de singulier, c'est que les Chambres et la France s'en sont occupées sérieusement, tandis que les banquiers et le ministre n'y songeoient en aucune manière. Vous serez convaincu de cette vérité, et vous rougirez de notre niaiserie, en vous rappelant la rédaction de l'article *véritablement unique* de ce projet de loi, rédaction à laquelle personne n'a fait attention, et qui cependant auroit dû frapper tous les esprits, surtout si l'on se fût rappelé que chaque arbre porte son fruit, et que la Gascogne donne des gasconnades.

Tout le monde a donc cru que par cette loi il s'agissoit de substituer, soit par conversion, soit par remboursement, 112 millions de rentes 3 pour 100 à 75 aux 140 millions de rentes 5 pour 100, de façon qu'au 1er janvier 1826 l'Etat auroit gagné 28 millions de rentes annuelles, sauf la perte possible d'un milliard qu'auroit occasionnée l'augmentation du capital, perte dont on ne devoit pas s'occuper, parce que *de minimiis non curat prætor*.

Hé bien! rien de tout cela n'étoit dans cette *loi unique*.

Elle disoit seulement que le ministre étoit autorisé à échanger *les rentes 5 pour* 100, soit par conversion, soit par remboursement, contre des 3 à 75, et que l'opération ne pourroit être faite qu'autant que les rentiers auroient l'option, et qu'elle présenteroit pour *résultat définitif une diminution d'un cinquième sur les intérêts des capitaux convertis ou remboursés*.

Que l'on réfléchisse à cette rédaction machiavélique, et on reconnoîtra facilement que le ministre étoit plus sage que le public, et même que les Chambres; qu'il ne s'engageoit point dans une opération colossale, et que cette conversion, provoquée par le grand remboursement, pouvoit se réduire à une opération partielle, très-minime, et toute dans l'intérêt des banquiers, surtout si l'on se rappelle que le traité supposé fait avec les banquiers n'a point été communiqué aux Chambres, et que la communication en a été refusée avec obstination.

Il pouvoit, il devoit résulter de cette loi que les banquiers auroient seuls, ou presque seuls, converti les rentes qui les surchargeoient; que la caisse d'amortissement et le jeu qui auroit suivi l'effet sur lequel elle agissoit auroient débarrassé les Juifs de ce fardeau, en leur donnant le bénéfice que cette seule combinaison pouvoit leur assurer, et que le remboursement n'auroit eu lieu ensuite que pour la forme, et dans la proportion que les banquiers auroient trouvée en rapport avec leurs moyens, et surtout avec leur intérêt.

Et qu'on ne dise pas : *la responsabilité du ministre étoit là*.

Le ministre se seroit moqué de votre responsabilité.

Il auroit répondu avec toute raison : « Je suis
» dans les termes de la loi ; j'ai converti des 5 contre
» des 3, et l'Etat a gagné le 5ᵉ sur les conversions :
» ma tâche est remplie.

» Il est vrai que je n'ai opéré que sur une somme
» de 20 ou 30 millions ; mais pourquoi vous êtes-vous
» fourré dans la tête qu'il s'agissoit de 140 millions ?
» Tous les orateurs opposés au projet ne vous ont-
» ils pas démontré que cela étoit impossible ; et
» pouvez-vous exiger l'impossible ? »

Les rieurs auroient été pour le ministre responsable et contre les Chambres dupes de leur vaine prétention.

Voilà l'histoire du projet de l'année dernière.

Celle des projets actuellement en discussion à la Chambre des Pairs n'est pas moins curieuse.

Le projet de *remboursement sans remboursement* de l'année dernière devoit passer à la faveur de l'indemnité qu'on laissoit entrevoir.

En reproduisant le projet de conversion, il n'y avoit plus moyen de berner plus long-temps les prétendans à l'indemnité ; il falloit donc présenter les deux projets en même temps ; mais il falloit les combiner de manière qu'ils se servissent mutuellement.

Pour éviter la monotonie d'une narration, je crois pouvoir vous présenter l'histoire de ces deux projets de loi sous une autre forme. Je me suis mis à la place des banquiers, et je suppose que l'un d'eux a développé son plan à l'assemblée générale dans le rapport suivant :

« Messieurs, plus vous y aurez réfléchi, plus vous vous serez convaincus qu'il est heureux que le projet de l'année passée ait échoué.

» Ce n'est pas que ses résultats ne fussent certains, et que nous ne fussions sortis de nos opérations, sans doute imprudentes, avec d'immenses bénéfices; mais comment aurions-nous justifié moralement le non remboursement des 140 millions de rentes? Quelle tache pour notre réputation, et quels soupçons! et cependant nous ne devons pas même être soupçonnés.

» Quoique le but que nous nous proposons ne puisse pas être différent de celui de l'année dernière, notre projet doit différer de l'article unique. Notre position n'est plus la même; les nouvelles opérations que nous avons été obligés de faire depuis le rejet de notre première tentative l'ont aggravée, et, de plus, la loi d'indemnité, que le ministre sera obligé de présenter, la change totalement.

» Vous penserez comme moi, que la liaison de l'indemnité à notre projet rend son adoption plus certaine, surtout l'indemnité étant constituée au taux de 3 pour 100. Mais vous reconnoîtrez, puisque nous sommes obligés de nous soumettre aux chances que l'indemnité peut nous faire courir, qu'il est nécessaire qu'elle soit présentée, discutée et adoptée la première.

» Quand les indemnisés auront le milliard, mais le milliard à 3 pour 100, il faudra bien qu'ils s'assurent les moyens d'en réaliser leur part, et de nous faire en même temps la nôtre.

» C'est dans cet esprit que nous avons rédigé le projet que nous vous soumettons, dont voici le dispositif :

Article premier.

Les rentes acquises par la caisse d'amortissement, depuis son établissement jusqu'au 22 juin 1825, ne pourront être annulées, ni distraites de leur affectation au rachat de la dette publique, avant le 22 juin 1830.

Art. 2.

Les rentes qui sont acquises par la caisse d'amortissement, à dater du 22 juin 1825, jusqu'au 22 juin 1830, seront rayées du grand-livre de la dette publique au fur et à mesure de leur rachat, et annulées au profit de l'Etat, ainsi que les coupons d'intérêt qui y seront attachés au moment où elles seront acquises.

Art. 3.

A dater du 22 mars 1825, les sommes affectées à l'amortissement ne pourront plus être employées au rachat des fonds publics dont le cours seroit supérieur au pair.

Art 4.

Les propriétaires d'inscriptions de rentes 5 pour 100 sur l'Etat, auront, à dater du jour de la publication de la présente loi, jusqu'au 22 juin 1825, la faculté d'en requérir du ministre des finances la conversion en inscriptions de rentes 3 pour 100, au taux de 75 fr., et à dater du même jour de la publication de la loi, jusqu'au 22 septembre 1825, la faculté de requérir cette conversion en 4 1/2 pour 100 au pair, avec garantie contre le remboursement jusqu'au 22 septembre 1835.

Les rentes ainsi converties continueront à jouir des intérêts à 5 pour 100 jusqu'au 22 décembre 1825.

ART. 5.

Les sommes provenant de la diminution des intérêts de la dette, par suite des conversions autorisées par l'article précédent, seront appliquées à réduire, dès l'année 1826, d'un nombre de centimes additionnels correspondant, les contributions foncière, personnelle, mobilière et des portes et fenêtres.

» Si la loi de réduction étoit présentée la première, il faudroit changer l'ordre des articles, et l'ordre des articles est nécessaire, indispensable pour arriver à notre but.

» Vous allez le comprendre facilement.

» Les trois premiers articles sont relatifs à l'amortissement, et ce n'est que le quatrième qui parle des différentes conversions.

» Or, s'il n'y avoit pas déjà des 3 pour 100 créés pour les indemnisés, il est évident que l'art. 4 devroit devenir le premier, car, avant de parler de l'emploi des fonds de l'amortissement, il faudroit diviser la dette en différentes classes, ou, en d'autres termes, commencer par le commencement, c'est-à-dire, donner la faculté d'option entre le 4 1/2, le 3 à 75, et le malheureux 5 pour appliquer ensuite, avec quelque raison, l'amortissement à ces différentes classes.

» Mais alors toutes les difficultés, tous les faux raisonnemens de l'année dernière se représenteroient avant que les Chambres fussent engagées, et le rejet de cet article feroit tomber toute la loi.

» Tandis que si le projet d'indemnité a passé, les 3 existent, et notre premier article qui parle de l'amortissement, et les deux suivans, qui assurent l'amortissement aux 3 pour 100 doivent passer sans aucune discussion.

» Alors l'art. 4 marche tout seul ; car après avoir déclaré que les sommes affectées à l'amortissement ne pourront plus être employées au rachat des fonds publics au-dessus du pair, il est impossible que les indemnisés, à qui le 3 pour 100 est donné au pair, rejettent cet article 4, qui paroît donner au 5, moyennant sa conversion en 3 à 75, le droit de suivre l'amortissement qu'on lui enlève sous la forme de 5, parce que ce rejet manifesteroit de leur part, l'intention de réserver tout l'amortissement au milliard qu'ils se seroient adjugé.

» Ainsi l'art. 4 placé où il est, passera nécessairement ; mais vous voyez clairement que pour qu'il demeure art. 4, il faut que la loi d'indemnité ait été adoptée.

» Cela posé, voyez comme tout devient facile.

» On propose des 4 1/2 à ceux qui voudront être rassurés contre un remboursement avant dix ans, et cette menace indirecte de remboursement conserve notre dignité en rappelant le remboursement de l'année dernière.

» Et, plût au Dieu d'Isaac et de Jacob, que cette menace produisît quelqu'effet, ce qui malheureusement est plus que douteux ; d'abord nous aurions une moindre concurrence, et puis, il faut l'avouer, le bénéfice de 1/2 pour 100 seroit, pour cette France que nous aimons, le plus clair de son affaire.

» Nous proposons ensuite du 3 à 75, et remarquez les expressions ! Les porteurs du 5 n'ont pas une simple option, ils ont le droit de requérir. Et voyez combien ce droit de requérir doit flatter le ministre, et ajouter à sa conviction sur la bonté de notre opération. Il reconnoîtra que nous ne voulons point qu'on puisse l'accuser de favoriser ces pauvres Juifs, ces malheureux banquiers cosmopolites. Si nous avions voulu qu'il nous favorisât, nous aurions mis des obstacles à l'option ; et point du tout, nous donnons le droit de requérir : quoi de plus concluant, de plus digne, de plus noble, de plus désintéressé ?

» Cependant n'allons pas trop vite, il faut fixer un terme à ce droit de requérir, car si la conversion des 140 millions avoit lieu, la France pourroit bien gagner les 28 millions de rente, mais où en serions-nous ? et seulement si quelques millions de rente venoient en concurrence avec celles dont nous sommes les maîtres, soit par notre argent, soit par celui que nous trouvons au moyen des reports déjà si chers, et dans les caisses publiques à si bon marché, notre opération pourroit être contrariée, et il est important qu'elle ne rencontre point d'obstacle.

» Nous restreignons donc le droit de réquisition à trois mois, et cette ligne, jetée comme au hasard et comme une réminiscence du projet de l'année dernière, doit passer inaperçue.

» Si cependant on disoit que le but de la loi paroît être d'amener les rentiers à une réduction volontaire, que le moyen de les y déterminer est l'augmentation du capital, que cette augmentation doit résulter de l'action de l'amortissement, qu'il est prudent, dans l'intérêt de la France, de laisser aux porteurs des 5 pour 100 le temps de juger de l'effet de l'amortissement, et qu'il est juste de laisser au rentier déshérité de son amortissement, le droit de le suivre si cela lui convient, en convertissant son 5 en 3, nous sentons qu'il seroit difficile de répondre; cependant on pourroit faire observer qu'il faut un terme à tout, et que celui de trois mois est plus que suffisant.

» D'ailleurs les indemnisés ont intérêt, comme nous, à ce que les conversions soient peu considérables, afin que l'amortissement agisse lorsqu'il en sera temps, avec plus de puissance sur leur milliard.

» Nous disons *quand il en sera temps*, parce qu'il est important qu'il ne vienne point nous contrarier avant que nous soyons sortis de l'opération.

» L'art. 5 est insignifiant, il n'a pour but que de permettre de dire que tout le monde gagne aux deux projets de loi.

» Vous voyez, Messieurs, que toutes nos expressions sont pesées, et nous devons faire des vœux pour que la loi passe telle que nous l'avons rédigée, si nous voulons être sûrs d'un succès complet.

» Nous espérons avoir rempli vos intentions par notre nouvelle combinaison; elle ne diffère du projet de l'année dernière, qu'en ce qu'elle met à l'abri de toute responsabilité un homme simple et trop confiant, et en ce qu'elle nous dégage d'une promesse de remboursement dont, à la vérité, nous nous serions bien affranchis; mais il vaut mieux, dans une représentation à notre bénéfice, n'être point condamnés à jouer en définitive un mauvais rôle.

» Espérons que les opposans à la loi détourneront les rentiers de la conversion ; nous ne pouvons point tenir le même langage, cependant il ne seroit point mal de glisser dans le public que le milliard des indemnisés rend désormais le remboursement impossible; enfin *préchons la conversion*, mais de manière à avoir peu de *convertis*.

» En effet cela convient à tout le monde.

» Les rentiers réels ont intérêt à conserver l'intégralité de leurs revenus, et ils sont désormais à l'abri de tout remboursement, et, comme on dit :

A l'ennemi qui fuit il faut faire un pont d'or.

» Nous seuls avons intérêt de convertir ce qui pèse si cruellement sur nous, parce que nous aurons pour nous tout l'amortissement que nous léguerons ensuite aux émigrés, lorsque, par l'augmentation de nos 3 pour 100 résultant de l'action de l'amortissement, et par l'effet du jeu, nous aurons imposé notre fardeau à de nouveaux spéculateurs, et soit dit entre nous, à des dupes.

» Une fois que nous nous serons retirés du théâtre, et que nous aurons quitté la *scène*, peu importe que la catastrophe du mélodrame se passe au *parquet* ou dans la *coulisse*. »

Ce n'est pas ma faute, si les faits sont venus imprimer à ma supposition le caractère de la plus effrayante vérité.

XXIe LETTRE DU MÊME AU MÊME.

Paris, 25 mars 1825.

Monsieur,

Avant de revenir au projet de loi sur l'amortissement et sur la conversion facultative des rentes 5 pour 100 en rentes 3 pour 100, il auroit convenu de se fixer d'abord sur le droit de remboursement. L'Etat peut-il rembourser le capital des rentes et se libérer ainsi vis-à-vis de ses créanciers ? Telle est la question que je me fis l'année dernière. A ne considérer que les raisons données par M. de Villèle, je ne balancerois pas à décider que ce droit peut être contesté. Si vous lisez en effet l'exposé des motifs (séance du 5 avril 1825), depuis le dernier alinéa de la page 5 jusqu'à la fin de la page 7, vous vous convaincrez qu'une seule ligne exceptée, le ministre n'a fait qu'entasser assertion hasardée sur assertion hasardée, erreur sur erreur, sophisme sur sophisme. Quelques mots suffiront pour justifier ce que je viens d'avancer.

« Pourquoi constater le capital (c'est M. de Vil- » lèle qui parle), qui n'est jamais exigible, si ce » n'est pour reconnoître qu'il est remboursable à » ce taux? » Je réponds que le capital est constaté, parce que, dans le cas où le débiteur cesseroit de payer la rente, le créancier rentre dans le droit d'exiger le capital *aliéné*. Cela est si évident, qu'il seroit superflu d'en dire davantage.

L'argument que Son Excellence tire de la création de la caisse d'amortissement n'est pas mieux fondé. De là que l'Etat n'auroit pas le droit de forcer ses créanciers à recevoir les capitaux qu'il leur doit, il ne s'ensuit nullement qu'il ne puisse se libérer de gré à gré : *volenti non fit injuria*. Depuis que les 5 pour 100 existent, on en voit vendre tous les jours de bourse. Tous les individus, à quelque nation qu'ils appartiennent, peuvent en acheter : de quel droit voudriez-vous priver l'Etat de cette faculté? Avant la révolution, les rentes foncières étoient irrachetables, c'est-à-dire que les débiteurs ne pouvoient pas contraindre les propriétaires à en recevoir le capital ; mais cela n'empêchoit pas qu'il ne s'en vendît habituellement. Toutes les fois que le débiteur étoit en mesure de se libérer, le propriétaire qui étoit forcé de vendre ne demandoit pas mieux que de traiter avec lui par une raison bien simple ; c'est qu'il la payoit plus cher qu'un tiers acquéreur. Dans ce cas, la rente étoit éteinte.

Vous voyez donc qu'à ne consulter que les raisons de M. de Villèle, le droit de rembourser seroit bien contestable ; mais il cite le Code civil. Quoiqu'il y eût bien des choses à dire sur ce point, et de très-bonnes raisons à donner pour prouver que l'article en question ne s'applique qu'aux transactions entre particuliers, et non aux actes entre l'Etat et les individus, comme cette discussion m'entraîneroit trop loin, je me réunis à Son Excellence, et je reconnois que la dette publique est remboursable.

Pour parvenir à opérer plus facilement la libération, M. de Villèle a imaginé de réduire les intérêts de la dette publique. Si, par la conception de M. le ministre des finances, le capital restoit le même, le moyen seroit excellent. Il est évident que si, au lieu de 140 millions de rentes, l'Etat ne payoit annuellement que 112 millions, il y auroit un bénéfice annuel de 28 millions, qui amortiroient tous les ans 1,400,000 fr. de rentes au pair. Ce seroit une spéculation admirable ; mais malheureusement il y auroit une petite difficulté à vaincre : le consentement des créanciers deviendroit indispensable pour la réduction. Comment espérer qu'ils feroient bénévolement et gratuitement le sacrifice du cinquième de leurs revenus ? Pour lever cet obstacle, M. de Villèle a offert un accroissement de capital combiné de manière qu'il s'élevât de 33 fr. pour chaque franc d'économie sur les intérêts. Toutes les subtilités mises en avant n'ont pu empêcher le public de juger le vice d'une pareille opération. Tout homme sensé est demeuré convaincu que le cinquième d'économie sur le revenu étoit enlevé au véritable rentier, et que, au grand détriment de l'Etat, l'augmentation du capital tournoit exclusivement au profit des agioteurs.

Comme l'année passée, Son Excellence s'obstine encore à soutenir que l'intérêt de l'argent est à 4 pour 100 et au-dessous. Elle est certainement induite en erreur, par la facilité avec laquelle les bons royaux se négocient à 3 et demi et 4 pour 100. Cependant M. de Villèle sait depuis long-temps, et aussi bien que personne, que les placemens à des échéances fixes et rapprochées, se font à un taux plus modéré que les placemens à de longs termes ou en rentes constituées. Le fait que je vais citer jettera quelques lumières sur la question.

A l'époque de la discussion du projet de loi concernant les annuités, M. Casimir Périer monta à la tribune, et avec l'assurance que donne ce que l'on croit être la vérité, il argumenta en ces termes : « Messieurs, » les reconnoissances de liquidation qu'on vous pro- » pose de convertir en annuités, ne vaudront à l'é- » chéance que 100 fr., et cependant hier, à la Bourse, » on les a négociées à 105 et à 106 fr., c'est donc » un véritable agiotage que l'on se propose par la

» conversion des reconnoissances de liquidation en
» annuités. »

L'objection fit un effet magique sur les membres de la Chambre et sur le public des tribunes. Les ministres restèrent bouche close; étonné de voir qu'une raison qui n'étoit que spécieuse et mal fondée fit une telle impression, j'arrachai un feuillet de mon souvenir. Après y avoir tracé au crayon la réponse à l'objection, je l'envoyai, par un huissier de la Chambre, à M. de Villèle qui, l'ayant lue avec beaucoup d'attention, la communiqua à M. de Serres : il me parut que celui-ci, qui saisissoit bien et vite, donnoit son assentiment à ma réponse. Il pressoit vivement M. de Villèle de monter à la tribune. La séance fut levée; mais le lendemain, immédiatement après la lecture du procès-verbal, M. de Villèle ayant demandé la parole, s'exprima ainsi : « Messieurs, le fait cité hier par M. Casimir
» Périer, prouve évidemment en faveur du projet
» de loi. Il y a des capitalistes qui préfèrent placer
» leurs fonds à 4 pour 100 à échéance fixe et rap-
» prochée, que de les placer sur la rente à 6 pour
» 100. Les personnes prudentes qui n'ont des fonds
» disponibles que pour un certain temps, aiment
» mieux un intérêt assuré de 4 pour 100, qu'un in-
» térêt bien assuré aussi de 6 pour 100, mais avec
» la chance de perdre plus ou moins sur le capital,
» à l'époque où pressés de rentrer dans leurs fonds,

» ils seroient obligés d'aliéner la rente, etc. » : c'étoit, mot à mot, ce que je disois dans ma note.

XXIIe LETTRE DU MÊME AU MÊME.

Paris, 31 mars 1825.

MONSIEUR,

M. le ministre des finances répète cette année-ci ce qu'il nous disoit l'année dernière, que le rachat des rentes au-dessus du pair par la caisse d'amortissement, porte un préjudice notable aux contribuables. Personne assurément ne le contredira ; mais puisqu'il étoit bien convaincu de cette idée, pourquoi, dans le budget de 1825, n'inséra-t-il pas un article portant qu'à l'avenir l'amortissement suspendroit son action toutes les fois que le cours des 5 pour 100 excéderoit 100 fr., plus les intérêts du semestre échus. Cette disposition ne pouvoit qu'être accueillie par l'unanimité des suffrages ; et, pour ne pas retarder l'époque de la libération, il avoit un moyen bien simple : pourquoi ne proposoit-il pas aux Chambres de statuer qu'à l'échéance de chaque semestre, la totalité des rentes seroit divisée en séries, et d'en tirer une au sort pour être remboursée au taux de 100 fr. pour chaque 5 fr. de rente ?

Ainsi, par exemple, si à l'échéance d'un semestre, la caisse d'amortissement se fût trouvée avoir 80 millions disponibles par non-emploi, à cause de l'élévation du prix de la rente, on auroit divisé les 140 millions de rente en trente-cinq séries de 4 millions de rente chacune; si elle n'avoit eu que 40 millions non employés, on auroit fait soixante-dix séries de 2 millions de rente chacune; si elle n'avoit eu que 20 millions de disponibles, on auroit fait cent quarante séries d'un million de rente chacune, et ainsi de suite, etc.

Les rentiers qui se seroient trouvés dans la série remboursée n'auroient pu élever la moindre plainte, c'est le sort qui avoit prononcé. S'ils avoient voulu continuer à être propriétaires des rentes, ils pouvoient le même jour en acheter au taux de la place; et, pour faciliter ces rachats, on n'auroit pas manqué sans doute d'exempter ces nouvelles rentes de concourir au tirage pendant un temps déterminé.

Je dois me hâter de réparer une erreur qui m'est échappée. J'avois supposé, dans ma onzième lettre, page 39, que M. de Villèle ne permettroit à la caisse d'amortissement d'acheter des 3 pour 100 qu'au 22 juin prochain. Je croyois que le terme fatal pour la faculté de convertir les 5 pour 100 en 3 pour 100, n'expirant qu'à cette époque, et que ce jour-là seulement les six millions accordés aux émigrés pouvant être inscrits, Son Excellence auroit eu la délicatesse de suspendre l'action de la caisse d'amortissement jusqu'à la date de cette inscription. Si je me suis trompé, c'est pour avoir eu trop de confiance aux paroles tortueuses de M. de Villèle. Vous allez en être le juge.

Daignez jeter les yeux sur l'avant-dernier alinéa de la page 7 de l'exposé des motifs du projet de loi sur la dette publique et l'amortissement, présenté par S. Exc. le ministre des finances le 3 janvier dernier. Vous y lirez : « Au moyen de cette conversion » facultative, nous espérons appeler sur le marché » des fonds au-dessous du pair, *durant les trois mois* » *où l'action de l'amortissement seroit suspendue*, » *en attendant l'émission du premier cinquième* » *des nouvelles rentes.* » Qu'en dites-vous? Est-ce ma faute à moi si M. de Villèle est venu dire, trois mois et demi après (séance du 18 mars), « Il faut » donc reconnoître sur ce chapitre-là, comme sur » tant d'autres, que toutes les déclamations por- » tent à faux. Que sert le dédommagement qu'on » prétend avoir été préparé pour les banquiers? » Les rentes créées pour l'indemnité ne devant » commencer à être émises qu'au 22 juin, pendant » trois mois l'amortissement ne s'exercera que sur » les 3 pour 100 convertis, et par conséquent au » profit des rentiers. (Il auroit dû dire au profit des » agioteurs.) Cet amortissement, pendant trois » mois, ne s'élèvera pas à un capital de 10 mil- » lions; il n'aura pas servi à racheter 800,000 fr. de » rentes, etc. » Quel est le motif qui a déterminé M. de Villèle à changer son système, et à tomber dans une contradiction si manifeste? En attendant qu'il veuille bien nous l'expliquer lui-même, je vais vous faire connoître celui qui s'est présenté tout naturellement à mon esprit, en vous prévenant que ce n'est qu'une injustice. Le capitaliste privilégié lui aura représenté que la caisse d'amortissement, en suspendant son action pendant trois mois, se trouveroit encombrée de capitaux, que ces fonds ainsi stationnaires ne produiroient rien. Pourquoi ne pas me les donner? Votre Excellence ne doit pas ignorer mon aptitude à les remuer, ni mon habileté à les faire prospérer. *Soit fait comme il est requis*, aura répondu M. le ministre des finances, *en conséquence la caisse d'amortissement, qui devoit suspendre ses achats jusqu'au 22 juin, commencera à opérer le lendemain de la publication de la loi.*

Il paroîtroit que M. Rostchild et compagnie sont devenus plus exigeans, et qu'ils ont moins de confiance (je ne sais pas pourquoi) dans les promesses de M. de Villèle. J'avois établi, page 11 de mon premier écrit, et d'une manière presque incontestable, que M. de Villèle s'étoit engagé l'année dernière, par un article secret, à faire continuer l'action de la caisse d'amortissement sur les 3 pour 100 jusqu'à une certaine élévation du prix. Cette garantie ne leur a pas suffi cette année-ci; ils ont exigé que la loi l'exprimât textuellement. (Voyez l'art. 13 du projet de loi.) S'il falloit s'en rapporter aux bruits de la malveillance, ces capitalistes auroient pris des précautions bien étranges pour s'assurer les dommages et intérêts en cas de rejet de la nouvelle proposition de loi. Quoique ces propos soient répétés publiquement à la Bourse, je me suis fait un devoir de les combattre comme calomnieux. Il est de toute impossibilité que le fait allégué puisse exister; mais quand l'irritation et la haine s'en mêlent, il est difficile de leur assigner des bornes. M. de Villèle n'a-t-il pas d'ailleurs assez de torts réels, sans chercher à lui en trouver d'imaginaires ?

XXIIIe LETTRE DU MÊME AU MÊME.

Paris, 7 avril 1825.

MONSIEUR,

S'il y a quelque chose de bien prouvé dans mon écrit, c'est certainement la part qu'a eue M. de Villèle dans l'élévation du prix de la rente. Le 26 mars 1824, les 5 pour 100 furent cotés à 103 fr. 25 c., tandis que le 1er décembre 1823 ils n'avoient été cotés qu'à 90 fr. 25. c. L'augmentation de 13 fr. dans moins de quatre mois m'avoit tellement frappé, que je dus en rechercher soigneusement la cause. Ne l'ayant trouvée que dans les manœuvres des agioteurs, je n'hésitai pas à vous dire hardiment par qui ils avoient été évidemment secondés. Vous avez dû remarquer avec satisfaction, par l'intérêt que vous prenez à moi, que quelques unes de mes opinions ont été corroborées depuis par le témoignage d'un homme que ses vastes connoissances et son expérience rendent plus compétent que tout autre. Malgré la réserve qu'il a cru devoir s'imposer, M. Mollien, dans un rapport qui restera comme le monument le plus remarquable de l'époque en matière de finances, jette des flots de lumière et fait deviner même ce qu'il ne dit pas. Je ne vous tairai pas que c'est avec une joie non exempte d'un peu d'amour-propre que, quoique privé des documens que je ne pouvois avoir, j'ai vu que je m'étois rapproché de la réalité de ses calculs. Ce savant économiste n'a pu s'empêcher de faire remarquer que, du 2 janvier au 15 mai suivant, le cours de la rente s'étoit élevé de 93 fr. 45 c. à 104 fr. 65 c. Il en témoigne son étonnement par une seule réflexion dont la concision nous indique assez qu'il connoissoit le véritable auteur de cette hausse factice. C'est en lettres italiques qu'il dit : *la distance est grande entre ces deux termes*. Je reviendrai sur ce rapport que je ne saurois trop recommander à votre admiration.

Je dois vous faire connoître une particularité que j'avois cru devoir vous laisser ignorer jusqu'à ce jour. D'après les bruits à la Bourse, vers la fin de 1823, M. de Villèle auroit signifié aux agens de change que s'ils ne faisoient pas monter le prix de la rente, il alloit augmenter leur nombre et diminuer les honoraires. Cette nouvelle s'accrédita tellement, que vous auriez de la peine à trouver un seul habitué qui osât affirmer l'avoir ignorée. Dès ce moment, les agens de change furent si convaincus du désir de M. de Villèle et des moyens qu'il avoit pour opérer la hausse, qu'ils exigèrent presque tous de fortes garanties de la part des clients qui vouloient vendre des rentes fin du mois, tandis qu'ils se montrèrent d'une facilité étonnante à l'égard de ceux qui vouloient en acheter, tant ils regardoient la hausse comme certaine.

Il y a deux points essentiels sur lesquels M. de Villèle cherche encore à égarer l'opinion publique. Il voudroit persuader que la crainte du remboursement est la cause unique qui empêche la rente de monter. J'avois démontré dans ma cinquième lettre, de manière à convaincre les plus incrédules, que l'intention manifestée de rembourser le capital avoit élevé la rente au-dessus du pair; vous aviez espéré peut-être que Son Excellence s'étudieroit à donner des raisons pour tâcher d'atténuer la puissance de mes preuves : vous étiez dans l'erreur. M. de Villèle a une manière plus commode et plus expéditive pour se débarrasser d'une objection qui l'importune; il n'en parle pas, et s'en tient à l'assertion qu'il a donnée en ces termes : « Il est » aujourd'hui démontré que la crainte du rembour- » sement s'oppose à l'élévation du cours des 5 pour » 100 au-dessus du pair. » (Séance du 3 janvier 1825.)

Le second point est beaucoup plus important. Le

public s'obstine à voir certaine compagnie financière jouer un rôle dans la mesure proposée. C'est en vain que Son Excellence s'est mise en frais, dans le discours prononcé à la Chambre des Pairs, le 6 avril, pour prouver le contraire; elle n'a convaincu personne. C'est avec aussi peu de bonheur encore qu'elle a essayé de persuader que 5 millions de rentes pesoient à peine sur la place; on sait à la Bourse qu'il y a 25 ou 30 millions de rentes qui cherchent vainement des preneurs ayant le moyen de les payer; et, sur ce fait, les spéculateurs s'étayent de l'assertion de M. Mollien, qui, mieux que personne, est à même de le savoir.

Enfin, c'est trop présumer de la crédulité publique que de vouloir persuader que des capitalistes, qui avoient fait arriver à Paris des fonds de toutes les places de l'Europe, aient tout à coup renoncé aux bénéfices considérables qu'ils s'étoient flattés d'obtenir, et qu'ils aient pu se retirer avec armes et bagages; en eussent-ils eu la volonté, la chose étoit impossible. Le jour où cet événement viendroit à se réaliser, je ne crains pas de l'affirmer, et l'expérience ne viendra pas me démentir, l'ébranlement de nos fonds publics seroit tel, que le cours des 5 pour 100 tomberoit certainement au-dessous de 90 fr. M. de Villèle en est aussi convaincu que moi-même, et c'est, je n'en doute pas, la véritable cause qui le fait persévérer dans la fausse route où il s'est engagé.

Par l'article 3 du projet de loi, il étoit interdit à la caisse d'amortissement, à compter du 22 mai 1826, d'opérer des rachats sur les fonds publics dont le cours seroit supérieur au pair. L'interdiction porte évidemment sur les 5 pour 100; et remarquez bien, je vous prie, que dans son discours aux pairs, M. le ministre des finances ne se contente pas de révoquer en doute si la caisse doit opérer sur les 3 pour 100, de préférence sur les 5 pour 100 lors même que ceux-ci sont au-dessous du pair; il affirme que dans plusieurs cas, c'est sur les 3 pour 100 que doit porter l'action de la caisse d'amortissement, *quoique les 5 pour 100 soient au-dessous du pair.* Cela posé, je ne pouvois m'expliquer comment le même ministre avoit pu dire quelques mois auparavant : « Nous proposons que ce
» soit à partir du jour où (il s'agit de l'époque de l'in-
» terdiction) le dernier terme de l'emprunt de 23
» millions ayant été payé, et les dernières rentes
» provenant de cette négociation étant livrées, *nul*
» n'auroit le droit d'invoquer le moindre prétexte
» pour prétendre que la mesure adoptée est contraire aux engagemens pris par l'Etat envers lui. »

Cela veut dire évidemment : en 1816 et 1817, l'Etat ayant un besoin urgent de se procurer des fonds, pour trouver des prêteurs, fonda une caisse d'amortissement et la dota richement, afin qu'elle pût rembourser les capitalistes qui nous auroient confié leurs écus. Cette mesure a eu un tel succès, que des emprunts successifs ont été opérés avec une facilité étonnante, par la raison que les prêteurs comptoient toujours sur l'action de la caisse d'amortissement; mais voilà que M. de Villèle se croyant sans doute assez puissant pour se passer de crédit à l'avenir, est venu dire aux derniers prêteurs: « Messieurs, le 22 mars je vous ai mis sur le dos les » dernières rentes stipulées dans le traité du 9 août » 1823. Je tiens les écus, vous avez les rentes, » gardez-les ou débarrassez-vous-en comme vous » pourrez. » Il est difficile de faire une meilleure application du dogme de la morale des intérêts. Vous deviez vous attendre, Monsieur, qu'en manquant ainsi à la foi promise, M. de Villèle alloit exaspérer la compagnie qui avoit rempli l'emprunt de 23 millions; point du tout. Le chef de la compagnie, M. Rostchild, s'est tu. Ce silence est bien éloquent; il prouve mieux que tous les argumens mis en usage jusqu'à ce jour, que le baron israélite est à la tête de la nouvelle opération financière.

Je suis obligé de convenir que ce n'est pas son moindre tour de force.

Vous voyez, en effet, que si la caisse d'amortissement avoit continué d'agir sur les 5 pour 100, Rostchild ayant ses 25 ou 30 millions de rentes confondus avec les 100 millions appartenant au public, n'auroit eu qu'une foible portion des fonds de cette caisse, au lieu que par la conversion des 5 en 3, se trouvant à peu près le seul qui en possède, il absorbera en entier les sommes disponibles de cette caisse.

XXIVe LETTRE DU MÊME AU MÊME.

Paris, 8 avril 1823.

Monsieur,

Il est temps de s'occuper directement des intérêts des rentiers; je crois que ce sera leur rendre un véritable service que de leur faire bien connoître les chances qu'ils ont à courir dans la crise dont les menace un avenir peu éloigné. Je leur dirai avec toute la sincérité dont je puis être capable, et les avantages et les inconvéniens du parti qu'ils croiront devoir adopter. Ce sera avec connoissance de cause qu'ils pourront se déterminer Je les préviens, toutefois, qu'ils ne doivent pas perdre de vue que ce ne sont que des raisonnemens que je leur soumets, c'est à eux de les juger. Quoique persuadé qu'ils sont conformes aux règles d'une saine logique, je ne réponds que de la pureté de mes intentions. La première question qui se présente est celle-ci : les véritables rentiers doivent-ils convertir leurs 5 pour 100 en 3 pour 100 ? ne réponds non. En adoptant la conversion, les porteurs des 5 pour 100 perdroient d'abord le cinquième de leur revenu, ce point est incontestable. Je prouverai plus tard qu'ils s'exposeroient à perdre infailliblement plus d'un cinquième sur le capital. Avant d'aller plus loin, il faut répondre à une objection généralement adoptée par les prétendus habiles de la Bourse.

Je vais traduire leur raisonnement. Le lendemain de la publication de la loi, disent-ils, les 3 pour 100 atteindront au moins le cours de 81 francs, puisque déjà M. Rostchild en a vendu à Londres et à Amsterdam, au prix de 79 fr. 3/4, et que deux maisons de banque de la capitale ont opéré, en achats et en ventes sur cette valeur, pour de fortes sommes, au prix de 80 francs (c'est par commission qu'elles ont agi l'une et l'autre). En vendant nos 3 pour 100 à 81 fr., nous réaliserons un capital de 108,000 fr. pour chaque 5,000 fr. de rente, et si les 3 pour 100 s'élevoient à 90 fr., nous réaliserions 120,000 francs. Je conviens qu'il seroit difficile de contester la réalité du bénéfice en admettant l'hypothèse du cours; mais on m'accordera aussi deux points importans : 1°. pour obtenir les bénéfices prétendus, les rentiers devroient devenir joueurs ; 2°. il est nécessaire que le cours des 3 pour 100 s'élève au prix imaginé, car s'il étoit au-dessous de 75 fr., au lieu de bénéfices, ce seroit des pertes qu'ils auroient évidemment à supporter. Jusque-là je ne vois pas le moindre avantage dans la conversion; mais un homme, le plus initié que je connoisse aux mystères de la Bourse, m'a dit : Monsieur, il y a un moyen de réaliser les bénéfices sans courir aucune chance de perte. Si, après la publication de la loi, les 3 pour 100 sont à

81 fr. ou à 84 fr., par exemple, je dirai à mon agent de change de vendre pour mon compte, fin du mois, 4,000 fr. de rente, 3 pour 100. L'opération faite, j'irai au Trésor déclarer que je veux convertir 5,000 fr. de rente, 5 pour 100, dont je suis possesseur, en 3 pour 100 ; on me délivrera une inscription de 4,000 fr. de rente, 3 pour 100, qui me produira, à la fin du mois, 108,000 fr., si j'ai vendu à 81 francs, et 112,000 fr. si j'ai vendu à 84 fr. La spéculation est bonne et peut-être trop bonne, car elle entraînera probablement un trop grand nombre d'individus. Remarquez bien qu'à la fin du mois, pour réaliser le capital dont il s'agit, il faut supposer que l'acheteur de 4,000 fr. de rente aura la somme de 108,000 fr. pour prendre livraison. Or, il est de fait qu'il ne les a pas, la preuve en est évidente. S'il avoit eu seulement 104,000 fr., ce n'est pas 4,000 francs de rente 3 pour 100 qu'il auroit achetés, mais bien 5,000 fr. de rente 5 pour 100, pour les convertir en 3 pour 100, et se procurer le bénéfice que vous entendez faire sur lui. S'il y a donc un grand nombre de rentiers qui aient usé de cette recette, la catastrophe devient inévitable à la fin du mois, et je prédis des faillites ; et cependant ils auront sacrifié le cinquième de leur revenu, en attendant mieux, je veux dire une plus forte perte sur le capital.

Il y a un an que le ministre des finances vous assuroit que les capitaux étoient si abondans, qu'il trouvoit à emprunter à 4 pour 100 ; mieux informé aujourd'hui, il reconnoît qu'ils sont devenus rares. Oubliant la maxime de M. Lafitte, *les écus n'ont pas de patrie*, il propose, pour attirer les fonds étrangers sur la place de Paris, le singulier expédient de ne plus payer les intérêts qu'à 4 pour 100, au lieu de 5. Il est vrai que M. de Villèle alloue un accroissement dans le capital, qui balance avantageusement la diminution du revenu. Je prendrai la liberté de lui faire observer que l'opération est ruineuse pour l'Etat ; un exemple va rendre la vérité de mon assertion évidente pour les esprits même les moins exercés dans la matière. Le Roi de Suède, par hypothèse, ayant besoin d'emprunter 100 millions, son ministre des finances offre de payer aux prêteurs 5 pour 100, et, à ce prix, il obtient la somme demandée. Sa Majesté le Roi de France ayant également besoin de se procurer 100 millions, son ministre ne veut donner que 4 pour 100 d'intérêt; il offre de payer aux prêteurs 3 pour cent pour chaque 75 fr. qu'on lui prêtera ; ce qui portera l'intérêt à 4 pour 100, mais avec la clause spéciale qu'une caisse d'amortissement rachètera, au prix qu'il plaira aux prêteurs de déterminer, à peu près 3 millions de rente annuellement. Supposons que les capitalistes aient assez de modération pour se contenter d'élever les 3 pour 100 au prix de 81 fr. ; dans quinze mois ils retireront évidemment 108 millions, tandis que les prêteurs au Roi de Suède seront soldés moyennant 106,250,000 fr. : avantage pour les contribuables suédois ou perte pour les contribuables français, 1,750,000 fr. Faisons donc des vœux pour que notre ministre des finances veuille bien suivre le système du prétendu ministre suédois.

Il est démontré, par le calcul qui précède, que M. de Villèle paiera réellement, grâce à sa fameuse combinaison, 6 fr. 40 c. par an pour chaque 100 fr. prêtés, tandis qu'il ne cesse de répéter que l'intérêt de 5 pour 100 est un taux trop élevé. Remarquez, je vous prie, que le résultat ne s'applique qu'à la supposition où les agioteurs auroient bien voulu se contenter d'élever les 3 pour 100 à 81 fr.; s'ils l'avoient porté à 90 fr., par exemple, M. de Villèle, toujours tenu par la loi de les faire racheter au taux de la place, par la caisse d'amortissement, paieroit 15 fr. 40 c.

M. de Villèle, reconnoissant lui-même la foiblesse de ses raisonnemens, pour faire prévaloir ses idées aux yeux de Leurs Seigneuries les Pairs de France, a été obligé d'invoquer l'exemple de l'Angleterre. Comment se fait-il qu'il veuille propager parmi nous les vieilles erreurs de nos voisins dans le moment même où il s'obstine à repousser, comme s'il en craignoit la contagion, les vues admirables qu'ils suivent maintenant ? Si le fils de lord Chatam revenoit au monde, et qu'il voulût être sincère, il ne manqueroit pas de dire : *Si secutus es errantem, sequere me pœnitentem.*

Je crois connoître l'arrière-pensée de M. de Villèle, et je vais vous la dévoiler. Son Excellence ne peut se dissimuler que, pour couvrir certain déficit qui l'importune, elle subira dans peu la dure nécessité d'avoir recours à de nouveaux emprunts. Elle a dû se dire : je ne trouverois pas des capitaux à 5 pour 100, ni peut-être à 5 et demi, si j'offois des 5 pour 100 ; en prenant d'ailleurs ce moyen, la fausseté de mon système seroit mise au grand jour. En donnant des 3 pour 100, je trouverai à emprunter tout ce que je voudrai. Il est vrai qu'en réalité je paierai probablement plus de 7 à 8 pour 100 ; mais je masquerai ce résultat par des combinaisons plus ou moins compliquées ; mes écrivains, à tant la page, les prôneront comme admirables, et le pauvre *John Bull* paiera. Cela me suffit.

Il seroit bien temps d'abandonner le système de déception qu'on suit depuis 1816 en matière d'emprunt ; il faudroit se hâter aussi de reformer la loi sur l'organisation de la caisse d'amortissement. Cette institution, qui devroit être la source de la prospérité de l'Etat, est devenue un véritable instrument de ruine. J'aurois des choses, que je crois importantes, à vous communiquer sur ce vaste sujet. Si la Providence, dans sa miséricorde, daignoit permettre que nous eussions un ministère qui voulût franchement et loyalement marcher dans les voies royalistes et constitutionnelles, je me ferois non seulement un plaisir, mais un devoir, de publier les observations que j'ai été à même de recueillir sur la matière, non que j'eusse l'orgueilleux espoir de faire adopter mon système, mais je pourrois espérer que nos hommes d'Etat y trouveroient quelques vues qui ne seroient pas indignes de fixer leur attention. En attendant, je m'en rapporte à l'homme le plus capable que je connoisse au monde; s'il ne nous arrête pas sur le bord du précipice, nous périssons : seul il peut sauver la fortune publique du naufrage qui la menace. Le comte Mollien sait mieux que moi qu'on devient complice du mal qu'on peut éviter : qu'il monte donc à la tribune pour y révéler, avec le talent qui lui est propre, ses vastes connoissances; qu'il fasse connoître l'étendue des fautes qu'on a commises, soit dans la formation des lois, soit dans leur exécution. Dans vingt minutes il peut faire jaillir la vérité aux yeux de ses nobles collègues, qui, par leur éducation et les diverses fonctions qu'ils ont remplies, sont demeurés totalement étrangers à l'étude de ces matières abstraites. S'il se taisoit en pareil cas, il deviendroit responsable de son silence et devant Dieu et devant les hommes.

XXVe LETTRE DU MÊME AU MÊME.

Paris, 10 avril 1825.

Monsieur,

Il me paroît que le ministre, ses partisans et

les membres de toutes les oppositions, ont raisonné sur une hypothèse évidemment fausse. Tout le monde a parlé de la libération définitive comme d'un but désirable qu'on doit se hâter d'atteindre. Cette erreur a déjà entraîné la Chambre des Députés dans une démarche qui peut devenir fatale aux émigrés, je veux dire les 30 millions de rentes constituées en 3 pour 100 au capital d'un milliard. Sans m'occuper des moyens plus ou moins réels que peut avoir l'Etat de solder en entier ses créanciers, je tranche la question et je dis à Son Excellence : Eussiez vous dans les coffres de la trésorerie les fonds nécessaires pour libérer l'Etat, vous feriez une faute immense de les employer à cet usage unique ; vous bouleverseriez certainement la société. Les divers Etats qui nous environnent auront encore, pendant très-long-temps une dette publique; si la France en étoit exempte, les capitalistes français porteroient leurs fonds à l'étranger, parce qu'il y a chez nous une multitude de gens qui ne savent qu'être rentiers : nous éprouverions bientôt toutes les difficultés qu'emmène la rareté du numéraire. Il est impossible que les Chambres, reconnoissant la nécessité de conserver une dette publique, ne se bornent pas à en diminuer la quotité. La chose étant ainsi, les Députés et les Pairs de France, jaloux de ménager les intérêts des contribuables, se hâteront, n'en doutez pas, d'éteindre la partie la plus onéreuse: la règle en est tracée par l'art. 1256 du Code civil.

« Lorsque la quittance ne porte aucune imputation,
» le paiement doit être imputé sur la dette que le
» débiteur avoit pour lors le plus d'intérêt d'ac-
» quitter. » Or, certainement les contribuables ont
bien plus d'intérêt à éteindre une dette qui leur
coûte 5 pour 100, que celle qui n'exige que 3 pour
100. Si vous aviez l'attention de capitaliser annuellement l'économie provenant de la différence des
intérêts, vous trouveriez une époque qui ne seroit
pas aussi éloignée que vous le pensez, où vous
pourriez racheter les 3 pour 100 avec les seuls
bénéfices.

Ainsi s'évanouissent toutes les difficultés que M. le
ministre des finances s'est évertué à faire ressortir
aux yeux de leurs Seigneuries, difficultés qui lui paroissoient si insolubles, qu'il n'hésitoit pas d'en con-
clure qu'il falloit s'en rapporter au discernement
de M. le directeur général de la caisse d'amortissement.

Les agioteurs pourront bien par leurs manœuvres, en faisant des ventes ou des achats, fin du
mois, élever ou abaisser, selon leur intérêt, le cours
des 3 pour 100; mais tenez bien pour constant que
pendant les trois mois qui suivront la publication
de la loi, aucun capitaliste n'apportera un écu pour
acheter directement du 3 pour 100. La raison est
évidente; s'ils tiennent à avoir du 3 pour 100, ils
achèteront du 5, attendu que par la conversion, ils
trouveront un avantage immense. Pour qu'il y eût

parité, il faudroit supposer les 5 pour 100 à 125 fr.; or, ce prix est presque impossible, puisqu'il feroit arriver sur la place une masse énorme de rentes casées qui viendroient augmenter encore les embarras de la compagnie financière. Il est donc bien constant que pendant trois mois la caisse d'amortissement seule achètera du 3 pour 100; mais il y a plus, je tiens pour constant que les trois mois écoulés, les capitaux ne se dirigeront pas davantage sur les 3. Tant que je trouverai à acheter du 5 à 100 fr., je n'irai pas acheter du 3 à 75, puisque dans le premier cas, je me ferois 5 fr. de rente, tandis que dans le second je n'aurois que 4 fr. Faites toutes les combinaisons qu'il vous plaira, vous trouverez toujours un bénéfice en fait de revenu, en donnant la préférence aux 5 pour 100; ce ne seroit que dans le cas où les 5 pour 100 étant à 100 francs, et les 3 pour 100 à 60 francs, que vous auriez de l'avantage à racheter du 3 pour 100, il n'y a donc que les profits dans l'accroissement du capital, qui puissent déterminer les capitalistes; mais comme le capital peut décroître aussi et qu'il y auroit alors perte réelle et sur le revenu et sur le capital, je ne crois pas que les capitalistes se déterminent à aventurer ainsi leurs écus. Vous pourrez donc voir des spéculateurs acheter du 3, fin du mois, mais vous n'en verrez pas beaucoup en acheter au comptant.

Dans mon esprit, la grande question sur le nouveau projet de loi est irrévocablement jugée; tous les banquiers français et étrangers connoissent les moyens, les ressources de M. de Villèle. Aucun d'eux ne doute que la puissance de ce génie ne brise les obstacles et ne parviennent à faire adopter la loi; s'ils avoient cru à l'élévation du prix du 3 pour 100, ils se seroient déjà hâtés d'acheter du 5, à cause de l'avantage immense qu'offre la faculté de la conversion sur l'achat direct du 3. Nous sommes au 10 avril, les 3 pour 100 sont cotés à 81 francs (je les suppose à ce prix, quoiqu'ils ne soient qu'à 80 fr., pour éviter les fractions), et cependant les 5 pour 100 ont peine à se soutenir à 102 fr., tandis qu'ils devroient être au moins à 106 fr., la preuve est facile. Le banquier qui a acheté du 3 à 81 fr. pour se faire 4 fr. de revenu, sera obligé de débourser 108 fr. au moment où il devra prendre livraison. Il auroit donc économisé 6 fr. sur chaque 100 fr., s'il avoit acheté 5 fr. de rente au cours de 102 fr.; de plus il s'assuroit, jusqu'au 22 décembre prochain, un intérêt de 5 pour 100, au lieu qu'il sera obligé de se contenter de 4 fr. Je suis convaincu qu'aucun des banquiers qui ont acheté directement du 3 pour 100, ne prendra livraison: ils comptent tous sur la crédulité des spéculateurs. Ils espèrent pouvoir profiter de la hausse que feront nécessairement M. de Villèle et la compagnie financière, le lendemain de la publication de la loi, afin de faire croire que l'opinion publique juge l'opération excellente, pour opérer la vente, fin du mois, des 3 pour 100 achetés directement par anticipation. Un homme dont j'apprécie beaucoup les connoissances et l'intelligence sur la matière et la bonne foi dans les argumens, m'a dit : les banquiers qui ont acheté directement du 3 pour 100, n'ont voulu spéculer que sur une éventualité, ils n'ont pas voulu courir la chance de perdre sur les 5 pour 100, si la loi venoit à être rejetée. Quoique cette raison ne soit pas dénuée de fondement, elle ne m'a pas converti. Elle prouve d'ailleurs d'une manière incontestable que ces spéculateurs, bien loin de croire comme M. de Villèle, que la crainte seule du remboursement empêche la rente de monter, pensent au contraire, comme moi, que c'est l'annonce du remboursement qui a opéré la hausse, puisqu'il prévoit que le rejet de la loi opéreroit infailliblement la baisse.

XXVI° LETTRE DU MÊME AU MÊME.

11 avril 1825.

Monsieur,

« Entend-on que les indemnités doivent être liqui-
» dées et payées par l'Etat, à quelque somme que
» s'élève le total? Veut-on que l'indemnité soit
» limitée à 30 millions de rente? Dans le premier
» de ces deux systèmes, il est impossible de se dis-
» simuler à quels dangers on exposeroit la fortune
» publique. Quand ce montant total ne devroit

» point, en dernier résultat, excéder un million,
» nous ne pouvons méconnoître tout ce qu'a de fâ-
» cheux l'incertitude sur le *quantum* d'une dette
» qu'on ne peut payer avec des ressources pré-
» sentes, ou du moins certaines, quoique futures;
» mais à l'aide du crédit. Les hommes qui placent
» leurs capitaux dans les fonds publics d'un Etat
» connoissent son budget : ils en étudient avec soin
» les évaluations, et leur raison, éclairée par leur
» intérêt, fait promptement justice de ce qui auroit
» un extérieur de prospérité sans consistance, de
» tout ce qu'il y auroit d'exagéré dans l'évaluation
» des ressources, de dissimulé dans l'exposé des
» besoins.

» Une fois qu'il est reconnu que l'Etat dont ils
» consentent à être créanciers, balance avec exac-
» titude et fidélité ses dépenses par ses recettes, ils
» examinent le montant de la dette publique, etc. »
C'est ainsi que s'expliquoit M. Pardessus à la tribune de la Chambre des Députés, à la séance du 11 février dernier.

Jusqu'à ce moment, Monsieur, nous avions vous et moi une haute idée des talens et des connoissances de M. Pardessus. Comme professeur à l'Ecole de Droit, comme magistrat, il avoit fait ses preuves; mais nous n'avions pas soupçonné la supériorité de son génie en matière de finances. L'Etat étoit grevé d'une dette publique dont les intérêts s'élevoient à 197 millions; il est question de l'augmenter de

30 millions, ce qui la porte à 227 millions. Hé bien, d'un clin d'œil, M. Pardessus a jugé qu'un million de plus, ce qui n'est qu'un deux-cent vingt-septième, romproit l'équilibre du crédit public. Grands financiers de l'époque, humiliez-vous devant une telle précision.

Un rentier de ma connoissance, après avoir lu le rapport de M. Pardessus, avoit particulièrement remarqué le passage que je vous ai cité. Ayant eu occasion de me faire une visite, il m'adressa cette singulière question : Croyez vous qu'il ne soit pas de mon intérêt de me livrer à l'examen et de faire les calculs dont parle le député-rapporteur ? Car, enfin, si cela intéresse le capitaliste qui veut prêter ses fonds à l'Etat, il me semble que cela regarde un peu aussi celui qui les lui a déjà prêtés. Or, dans le cas où le budget ne me conviendroit pas, je vendrois bien vite les rentes que j'ai prises dans le dernier emprunt. Je ne pus m'empêcher de lui avouer qu'il raisonnoit parfaitement. Il continua : Voici à peine 28 mois que la rente étoit à peu près à 75 fr; depuis cette époque, nous avons dépensé des sommes énormes pour la guerre d'Espagne ; nous dépensons immensément encore pour les frais d'occupation, peut-être pour d'autres frais. Car, enfin, de quoi vit Ferdinand, et sa cour et ses fonctionnaires? Ce n'est pas des impôts qu'il recueille peut-être. Que de millions jetés dans ce gouffre! Pensez-vous de bonne foi qu'ils nous reviennent bientôt ? Nous avons la promesse de Ferdinand. Il veut nous rembourser, mais quand le pourra-t-il, et où en est-il lui-même ? Il emprunte à peu près à deux capitaux pour un ; voyez l'emprunt Guébhard. Ce ne seroit rien encore. Voici venir le milliard de l'indemnité, et avec lui la menace de diminuer tôt ou tard notre revenu d'un cinquième : la perspective n'est pas gaie.

Comme je savois que j'avois affaire à un excellent royaliste, qui depuis trente ans n'a pas cessé de rendre des services à la légitimité, je cherchai à le rassurer en lui étalant les effets merveilleux qu'avoit produits sur notre crédit la guerre d'Espagne : je parlai du canon de la Bidassoa, de l'enthousiasme de l'armée, de la prise du Trocadero, de la dispersion des cortès, de l'esprit révolutionnaire vaincu dans son dernier refuge, étouffé dans ses derniers foyers, surtout de la révélation précieuse qui étoit sortie de ces événemens, savoir qu'il n'y a rien de plus populaire au monde qu'une grande vertu. L'attention avec laquelle m'écoutoit mon questionneur m'avoit fait espérer que mon discours produiroit beaucoup d'effet sur son esprit. Voici sa réponse : Je rends hommage à la royale et presque divine vertu que vous aimez à louer; mais cette vertu n'avoit pas encore brillé de tout son éclat, que l'armée et le peuple étoient unanimes. A la vérité, il ne s'est point passé d'année, de mois peut-être, de 1815 à 1821, qu'on ne nous ait entretenus de quelque conspiration militaire ; mais ni vous ni moi n'étions dupes de ces prétendues conspirations, dont les vrais auteurs n'étoient pas toujours ceux que la Cour d'assises voyoit entassés sur ses bancs, combinaisons plus ou moins savantes de cette classe d'hommes dont l'industrie consiste à réveiller des souvenirs effacés, à susciter des passions endormies. Quelques insensés mordoient à l'hameçon ; mais la masse du peuple et de l'armée resta constamment calme et fidèle. Ainsi la journée de la Bidassoa n'a rien appris à personne. Et pensez-vous que le 20 mars même fût une défection véritable? C'étoit bien plutôt de la part de l'armée, surprise, stupeur, reste d'habitude, un de ces mouvemens automatiques, étrangers en quelque sorte à sa volonté ; c'étoit bien aussi, puisqu'il faut tout dire, le fruit d'une politique vicieuse, d'une administration contraire à des intérêts puissans ; et l'immortel auteur de la Charte n'a-t-il pas eu le noble courage d'en faire lui-même l'aveu? Heureux toutefois que les portefeuilles ne fussent pas alors dans les mains où ils se trouvent aujourd'hui ! La seconde restauration n'auroit pas été impossible sans doute ; car qui peut séparer la France de son Roi? Mais il est certain que les résistances auroient été plus longues.

On sait que l'armée française n'aspiroit qu'à une éclatante occasion de prouver son repentir. Mais ce sentiment seul n'étoit-il pas un assez bon préservatif contre les insinuations des traîtres? Dépouillons donc la guerre d'Espagne d'un avantage dont elle a produit la manifestation, mais qui n'est pas né d'elle. Depuis long-temps, l'armée, le peuple, l'Europe, connoissoient ce pur sang des Bourbons et lui rendoient hommage. Depuis long-temps on savoit quel noble héros, quelle héroïne auguste épuroient l'air de la France. Il ne reste donc à la guerre d'Espagne, ainsi dépouillée d'un bénéfice qui n'est pas le sien, que ce qui lui appartient véritablement, des marchés frauduleux, épuisement du Trésor, une anarchie remplacée par une autre anarchie, l'impuissance du protecteur, la misère du protégé, les déserts de l'Afrique transportés au pied des Pyrénées, et, pour dernier trait à ce tableau, l'Angleterre triomphant avec deux ou trois mots magiques de la puissance de nos armes, et emportant, sans bourse délier, tout le fruit de l'entreprise. On rapporte un mot bien judicieux du duc de Wellington : Comme Anglais, dit-il, je me réjouis de cette guerre ; comme ami des Bourbons, je m'en afflige. Enfin, une preuve matérielle que ce ne sont point nos victoires en Espagne qui ont fait hausser les fonds, c'est que le 2 janvier 1824, c'est-à-dire quand on voyoit dans tout son éclat la gloire de cette entreprise, et que ses suites en Espagne n'étoient pas encore connues, la rente ne fut cotée qu'à 93 fr, 43 c. Il n'y a rien à répondre à ce dernier argument.

XXVIIᵉ LETTRE DU MÊME AU MÊME.

Paris, 12 avril 1825.

Monsieur ,

Je ne sais pas pourquoi tous les écrivains ont cité l'abbé Terray et le fameux Laws, ce sont des noms déjà bien vieux. Il y en a un bien plus récent; la moitié de la population de Paris peut se rappeler de l'avoir connu. Ce fut en 1792, qu'un aventurier, nommé Vauvineux, publia un prospectus dont le but étoit d'élever la valeur des assignats, qui perdoient 30 ou 35 pour 100, au pair du numéraire. Voici en quoi consistoit l'opération : quiconque vouloit convertir 100 fr. d'assignats en écus, devoit commencer par les déposer à la caisse, en ayant le soin d'y joindre 24 l. en or ou en argent. Lorsque quatre nouveaux actionnaires avoient apporté chacun la même somme en assignats et en écus, le premier recevoit 120 l. en numéraire, pour les 124 liv. qu'il avoit consignés; il se trouvoit donc avoir réalisé en écus son assignat de 100 fr., moyennant une perte de 4 liv. Malgré l'extravagance et l'absurdité de son plan, Vauvineux trouva une multitude de partisans. Une espèce de fièvre s'empara des esprits au point que nous vîmes la foule se précipiter vers ses bureaux. On vendoit les bijoux pour se procurer la partie du numéraire indispensable pour opérer le dépôt : il n'étoit bruit dans le monde que du succès de cette entreprise. Les personnes dont le tour étoit venu d'être remboursées, se gardoient bien d'empocher les écus, elles se munissoient d'assignats et faisoient de nouvelles mises. Déjà ce fameux spéculateur étoit venu offrir à l'Assemblée nationale des millions en don patriotique, et promettoit d'apporter bientôt des milliards. Dans le fait, la perte des assignats avoit considérablement diminué. L'assemblée, voyant que la chose prenoit réellement une tournure sérieuse, nomma deux commissaires qu'elle chargea de lui faire un rapport sur cet objet. Le choix tomba sur le respectable M. Tronchon et sur moi. Nous nous dirigeâmes vers la caisse de M. Vauvineux, où nous ne parvînmes qu'avec peine, à cause de la multitude qui obstruoit les avenues. La garde nationale étoit sur pied pour protéger les allans et les venans qui se disputoient le pas afin d'être les premiers à faire le dépôt. Ayant montré nos pouvoirs, M. Vauvineux s'empressa de nous conduire d'abord dans un local très-vaste, qui étoit encombré d'écus de 6 liv., ensuite dans une pièce voisine où étoient plusieurs armoires. Il en ouvrit une dont les rayons étoient surchargés de sacs qui contenoient des pièces de 24 livres et de 48 liv. Je me souviens parfaitement, qu'en m'adressant la parole, il me dit : M. de Calonne n'avoit pas trouvé le moyen de faire sortir les vieux louis *à lunettes*, j'ai été plus heureux que lui; et, ouvrant plusieurs sacs, il me fit reconnoître qu'ils ne contenoient réellement que de vieux louis. Nous nous contentâmes de lui faire une seule interpellation ; son embarras devint extrême, ce qui nous confirma dans le jugement que nous avions déjà porté sur l'homme et sur son système. M. Tronchon fit le rapport à l'assemblée, en concluant à la mise des scellés. La proposition fut adoptée, malgré l'opposition du trop fameux *gascon* Mailhe, qui ne craignit pas d'avancer que la mesure étoit provoquée par la jalousie des agioteurs. Trois jours plus tard, la majeure partie de la fortune mobilière des Parisiens se seroit trouvée dans les mains de cet intrigant. Je suis fâché de le dire, et j'en demande pardon à M. de Villèle, il peut y avoir des personnes qui trouveront plus d'une analogie entre le financier de 1792 et celui de 1824. Le plan de Vauvineux étoit fondé sur une grande erreur ; il supposoit qu'il viendroit continuellement de bonnes gens apporter des mises. Le jour (et il ne pouvoit être éloigné) où les actionnaires auroient cessé d'arriver, le jeu de sa machine eût été arrêté. M. de Villèle s'est peut-être persuadé aussi que les preneurs de ses 3 pour 100 arriveroient en foule et que le mouvement continueroit ; je crois que cet espoir est mal fondé. Parmi les actionnaires de Vauvineux, il y en avoit certainement qui avoient parfaitement compris le vice de la chose ; mais en gens habiles, ils avoient calculé qu'ils seroient remboursés avant la catastrophe, et qu'elle n'atteindroit que les dupes qui seroient venus après eux. Pourquoi ne voudriez-vous pas supposer que les premiers preneurs des 3 pour 100 au taux de 75 ont eu la même prévision. Ils auront pu se dire : quand la débâcle arrivera, nous en serons sortis ; tant pis pour ceux que notre empressement à prendre du 3 pour 100 aura entraînés dans le piége. Le lendemain que les scellés eurent été mis chez Vauvineux, on reconnut que tout Paris avoit été mystifié par ce financier. J'ignore l'époque où on reconnoîtra que toute la France a été mystifiée par le financier d'aujourd'hui.

XXVIIIe LETTRE DU MÊME AU MÊME.

Paris, 12 avril 1825.

Monsieur,

Quelques unes des personnes qui m'avoient fait l'honneur de lire ma première brochure, informées que j'étois disposé à en publier une seconde, ont cherché à m'en détourner. A quoi bon, m'ont-elles dit, s'occuper encore du même objet ? Vous ne prouverez pas mieux que vous ne l'avez déjà fait, combien la conception de M. de Villèle sur la dette publique est funeste au crédit de l'Etat, onéreuse pour les contribuables, et qu'elle n'est bonne que pour assurer des profits illicites aux usuriers. L'arrêt en est porté, vous ne le changerez pas ; vous serez *vox clamantis in deserto*. Braves gens, leur ai-je répondu, vous avez donc oublié des événemens récens. N'avons-nous pas vu des ministres aussi enracinés que M. de Villèle forcés de céder au torrent de l'opinion? Il suffit de signaler et de bien prouver les vices et les erreurs d'une administration, la raison publique ne tarde pas à faire triompher la vérité. Je continuerai donc à dévoiler les mystères de l'agiotage ; ce qui vient d'avoir lieu à la Bourse, au moment de la liquidation du mois de mars, m'offre un nouveau sujet de critique que je dois mettre à profit. On a vu, le 31 mars et le 1er avril, sous le nom de *reports*, des placemens considérables faits à 1 pour 100 pour trente jours, ce qui revient à 12 pour 100 l'année. Le nom que l'on donne à l'opération ne change pas la nature de la chose. Pour vous en convaincre, il me suffira de vous bien expliquer ce que c'est que le report. Dans les premiers jours de mars, Pierre a vendu à Paul, au prix de 103,000 fr., 5000 de rente, livrables le dernier jour du mois. Le terme fatal arrive ; Paul n'a pas les 103,000 fr.; les 5000 fr. de rente ne valent, suivant la cote, que 101,500 fr. La différence de ce cours à celui de l'achat est donc de 1500 fr. Alors Pierre lui dit : Je consens à vous racheter les 5000 fr. de rente au prix de 101,500 francs, sous deux conditions : 1° vous me paierez comptant les 1500 fr. de la différence ; 2° vous me racheterez, pour fin d'avril, les mêmes 5000 fr. de rente au prix de

102,500 fr. Paul accepte ; voilà ce qu'on appelle report. Il est évident que cette opération se réduit à un atermoiement d'un mois, moyennant 1000 fr. d'intérêt. Pour mieux faire comprendre la chose aux personnes qui sont totalement étrangères à la Bourse, je dois l'expliquer en d'autres termes. Le 31 mars, Paul doit payer à Pierre 103,000 fr. ; il ne les a pas : Pierre consent à donner un mois de delai moyennant 1000 fr. d'intérêt, et à condition que le débiteur lui paiera sur-le-champ un à-compte de 1500 francs sur le capital. Ainsi Paul devoit, le 31 mars, 103,000 fr. ; il devra, le 30 avril, 104,000 fr. Mais comme il paie 1500 fr. par anticipation, il ne devra que 102,500 fr. à la fin d'avril. Voilà ce qui s'est passé publiquement à la Bourse dans la dernière liquidation, et ce n'est pas pour une modique somme que cette opération a eu lieu. D'après la plus foible évaluation, c'est 10 millions de rente qui ont été reportés (je ne garantirois pas qu'il n'y en a pas eu 30 millions), ce qui veut dire 206 millions de capitaux prêtés à raison de 1 pour 100 par mois, ou à raison de 12 pour 100 l'année. Ce scandale se renouvelle souvent. Les magistrats, les moralistes et les ministres du Roi très-chrétien ne peuvent l'ignorer ; l'un d'eux est même hautement accusé (injustement sans doute) de le favoriser, et cependant tout le monde garde le silence. Dussé-je être seul, je ferai retentir mes plaintes jusqu'à ce que l'on ait pris des mesures efficaces pour faire cesser ce fléau.

Le *Pilote*, en parlant de cette dernière liquidation, s'est contenté de dire : *Les forts ont fait la loi aux foibles.* Nous savions depuis long-temps que les agioteurs, les usuriers qui ont des écus, les font payer cher à ceux qui sont dans la dure nécessité de leur emprunter. Le fait que j'ai signalé, n'en déplaise à M. de Villèle, prouve la rareté du numéraire. Il prouve encore qu'il y a une grande quantité de rentes qui pèsent sur la place, et il établit d'une manière incontestable que le taux de l'argent, bien loin d'être à 4 pour 100, excède 6 pour 100.

Dans la première partie de mon ouvrage (pag. 9), j'ai appris aux rentiers qu'ils avoient le *veto* absolu sur la conception ministérielle de 1824 ; ils l'ont encore sur celle de 1825 ; ils sont les maîtres d'en faire l'usage qui leur conviendra.

XXIXe LETTRE DU MÊME AU MÊME.

Paris, 12 avril 1825.

MONSIEUR,

Le *Pilote* du 12 mars 1825, s'exprimoit ainsi :
« Avis aux Chambres, etc., par *Coupé* (Charles
» Jean), ancien député.
» C'est sous ce titre, qui embrasse l'universalité
» des Français, sans exception même du journalier
» qui, payant l'impôt sur le *canon* de vin avec le-

» quel il se délecte aussi souvent qu'il le peut, se
» trouve dans la classe des contribuables indirects,
» que M. Coupé, ancien député, vient de faire pa-
» roître une collection de vingt-cinq lettres.

» Elles sont adressées et soumises, avec la for-
» mule *du plus profond respect*, à M. Fiévée, en lui
» demandant son assentiment à ce que ce recueil
» soit imprimé.

» M. Fiévée, qui ne s'enthousiasme point sans de
» grands motifs, répond assez froidement à l'au-
» teur : *Vous pouvez l'imprimer avec la sûreté
» d'être utile*, et il oppose à la formule ampoulée
» *du plus profond respect*, celle plus naturelle *d'être
» sincèrement* son très-humble serviteur.

» Ce court exposé pourroit suffire à l'annonce
» que nous avons été chargés de faire de la nouvelle
» brochure que l'on trouve, sous le titre ci-dessus,
» chez Le Normant, rue de Seine ; car M. Coupé,
» avec les meilleures intentions et un style clair et
» concis, qui ne se ressent nullement de l'âge avancé
» qu'il annonce avoir, n'a fait que reproduire en
» d'autres termes les argumens déjà opposés aux
» deux projets de loi.

» Cet âge pourroit cependant avoir exercé quel-
» que influence sur les idées de l'auteur, lorsqu'il
» annonce dans sa dernière lettre, page 57, qu'avec
» ce dogme infernal (la morale des intérêts) on fait
» usage de la morphine comme Castaing, on esca-
» mote les quittances comme Roumage.

» Personne, avant M. Coupé, n'avoit eu l'idée
» de faire ressortir ces conséquences des projets en
» discussion. Il est donc juste de consacrer en sa fa-
» veur la nouveauté et la propriété de ces idées.

» Mais il est des conséquences plus sérieuses que
» l'on peut déduire du premier de ces projets, celui
» de l'indemnité. M. Fiévée les avoit aperçues avant
» que M. Coupé lui eût révélé sa pensée sur les pro-
» positions du gouvernement, et il les avoit signa-
» lées et caractérisées par cette prophétie que cha-
» que séance de la Chambre élective vérifie : *les*
» *émigrés prendront le milliard et ne donneront*
» *point quittance.*

» Toutes les fois que les journaux dits *ministé-*
» *riels* attaquent cet écrivain et l'accusent de pré-
» somption, nous nous rappelons la prédiction ci-
» dessus, et nous nous écrions : *Il a cependant an-*
» *noncé juste....*

» Nous nous sommes un peu écartés du sujet de
» notre article, nous y rentrons, en conseillant à
» M. Coupé, s'il donne une nouvelle édition de sa
» brochure, de traiter, comme un des inconvéniens
» attachés au premier projet du gouvernement, les
» exigences qu'il a fait naître. Son travail sera utile
» s'il coopère à les calmer, et M. Fiévée, qui les
» avoit prévues et dont les prédictions se sont véri-
» fiées, n'en sera que plus porté à accueillir une
» nouvelle dédicace. »

Après trente années d'une terrible révolution,

que de téméraires, ou plutôt que d'insensés voudroient recommencer, chacun a assez à faire de répondre de sa propre conduite, sans assumer sur sa tête les iniquités d'autrui. Voyant ma réputation compromise par l'article cité, le 13 mars je m'en plaignis au directeur du journal. Comme il n'a pas tenu la promesse qu'il m'avoit faite verbalement, d'insérer ma lettre dans son plus prochain numéro ; en voici la copie littérale :

A Monsieur le Rédacteur du Pilote.

Paris, 13 mars 1825.

Monsieur,

« J'ai lu l'article que vous avez inséré dans votre
» feuille d'hier sur la brochure que je viens de pu-
» blier. Quelque prix que j'attache à votre opinion,
» je ne vous écris pas pour la changer. J'ai assez
» vécu pour savoir que ce n'est guère par la con-
» troverse qu'on modifie les opinions des hommes ;
» et d'ailleurs je vous avoue que je n'ai pas vu
» bien clairement quelle est la vôtre sur mon
» ouvrage. L'objet de ma lettre est une rectification
» et une justification étrangères l'une et l'autre au
» sujet que je traite. Il s'agit d'abord de mon nom.
» Permettez-moi de vous représenter qu'un *Coupé*
» et un *Coubé* faisoient partie de l'Assemblée légis-
» lative. L'un siégeoit avec les Chabot, les Bazire,

» le Guadet, etc L'autre avec les Jaucour, les
» Girardin, les Becquey, les Beugnot, etc. Or, le
» premier, ce n'étoit pas moi. Je paierois bien cher
» les honneurs tardifs de la publicité, s'il falloit les
» acheter par une assimilation pareille. Quant à
» l'humble formule que vous me reprochez, elle
» convient tout-à-fait à l'apprentif sexagénaire en-
» vers le collaborateur de Chateaubriand, et l'ins-
» pirateur de Villèle, dans le temps où on le disoit
» bien inspiré ; et s'il me falloit un motif de plus,
» je le trouverois dans les éloges mérités que vous
» lui donnez vous-même dans cet article. »

Je suis avec ma formule ordinaire de respect,

Monsieur,

Votre très-humble et
très-obéissant serviteur,

Coubé, *ancien député.*

XXXᵉ LETTRE DU MÊME AU MÊME.

Paris, 14 avril 1825.

Monsieur,

Parmi ceux qui me lisent, vous en trouverez beaucoup qui demanderont quelle est la religion politique de l'auteur? Qu'il ne soit pas ministériel, c'est évident. On peut douter aussi qu'il appartienne à aucune des oppositions : quel est donc cet homme qui ne connoît pas de drapeau, et qui est tout son parti à lui-même; vous comprendrez aisément, vous mon honorable ami, que la solution de l'énigme est dans la demande même. Sans doute je suis toujours resté étranger aux coteries; je me suis toujours fait une loi de ne point jurer sur la foi du maître; je n'ai pas cru que lorsque l'on a un Moniteur aussi éclairé que sa conscience, on en doive chercher d'autre. Je sais qu'avec de tels sentimens on rétrograde plus qu'on n'avance, et les faveurs de la fortune ne furent jamais pour la bonne foi et le courage qui ne sait pas flatter. Je le savois en entrant dans cette carrière; et l'expérience ne m'a sur ce point rien appris; mais j'ai la bonhomie de croire qu'en préférant mon propre témoignage à des munificences mal acquises, je ne faisois pas un mauvais marché. J'ai toujours été moi, je veux être toujours moi; et ce qui donne à mes yeux une plus grande autorité à ce principe, c'est que je lui dois les sentimens d'amitié dont vous n'avez cessé de m'honorer.

Je m'étois engagé à prouver que les deux projets qui font la matière de ces lettres, seroient funestes aux contribuables à qui l'on fait fête d'un dégrèvement qui ne retranche pas un obole du budget, funestes à la monarchie qu'ils présentent à l'esprit des peuples, escortée d'idées de déception, funestes aux indemnisés eux-mêmes, qu'ils opposent, pour ainsi dire, à la nation entière, et seulement profitables aux agioteurs. C'est à vous de juger si j'ai rempli ma tâche. En attendant je suis dans l'anxiété, je crains franchement que les projets de M. de Villèle n'aient déjà commencé à dépopulariser, à dénationaliser les rentes françaises. Je regrette que les circonstances qui vous sont connues, et qui sont indépendantes de ma volonté, m'aient empêché d'examiner avec autant de soin que j'aurois voulu, un sujet aussi grave et aussi fécond. Je ne vous dis pas cependant adieu pour toujours. Il n'est pas impossible que ma foible voix ne trouve à s'élever encore, si quelque objet d'utilité publique le réclamoit. Je n'ai plus à donner à mon pays que le tribut de mon expérience, et je ne lui refuserai pas plus celui-là, que je ne lui ai refusé tous ceux qu'il m'a demandés.

COUBÉ, *ancien député.*

www.ingramcontent.com/pod-product-compliance
Lightning Source LLC
Chambersburg PA
CBHW060149100426
42744CB00007B/966